Ingresos pasivos

Una guía esencial para crear múltiples fuentes de ingresos y construir un imperio de riqueza utilizando la inversión en propiedades de alquiler e ideas de negocios en línea

Índice

Introducción

Gracias por descargar "Ingresos pasivos: Una guía esencial para crear múltiples fuentes de ingresos y construir un imperio de riqueza usando la inversión en propiedades de alquiler e ideas de negocios en línea como el comercio electrónico y los blogs".

Las tasas de inflación son altas, y todos necesitamos tener un ingreso pasivo. Tener una fuente de ingresos es contrario a la intuición porque usted no tiene a donde correr cuando las cosas se ponen feas. ¿Alguna vez ha visto a esas personas que se desmoronan cuando sus principales fuentes de ingresos colapsan? ¡Usted no quiere ser esa persona que mendiga de los demás porque no consideró tener un ingreso pasivo!

Puede que se pregunte qué es un ingreso pasivo... y cómo comenzar. Para empezar, un ingreso pasivo es el dinero que se obtiene de la participación en actividades ingeniosas distintas a su principal fuente de ingresos y que requiere poco o ningún esfuerzo. Usted puede ganar dinero mientras duerme si se involucra en ingresos pasivos. Por ejemplo, puede invertir en propiedades de alquiler y poner a alguien a cargo o controlarlo usted mismo. Solo tiene que poner en marcha medidas para garantizar que funcione de manera eficaz. Aunque al principio puede ser difícil y confuso comenzar un ingreso pasivo, al final es satisfactorio.

Sin embargo, los ingresos pasivos no generarán ingresos de la noche a la mañana, ¡así que no se preocupe! Como cualquier otra fuente de ingresos, los ingresos pasivos requieren paciencia, trabajo duro y compromiso. Además, debe saber dónde y cómo invertir. Por otro lado, la renta pasiva puede ser costosa, y por eso necesita saber en qué se está metiendo. Tomarse el tiempo para entender un negocio antes de invertir y administrarlo bien puede generar un buen dinero con el tiempo. Hay muchas ideas de ingresos pasivos para el 2019, como invertir en bienes raíces, iniciar un canal de YouTube, abrir un lavadero de autos y vender artículos usados. No tenga miedo de empezar un ingreso pasivo; puede que le salve en tiempos de necesidad.

Capítulo 1: Por qué debe tener múltiples fuentes de ingresos

Tener múltiples fuentes de ingresos ya no es una opción sino una ecesidad. Con la elevada tasa de desempleo, tener varias fuentes de ingresos resulta útil, pero a pesar de ello, muchas personas dependen únicamente de su empleo. Cuando son despedidos de su lugar de trabajo, se deprimen y tardan mucho en ponerse de pie, pero esto no debería ser así porque hay muchas maneras de ganar dinero. La tecnología no solo ha simplificado la vida, sino que también ha creado oportunidades de trabajo —muchas personas, mucho dinero en la comodidad de sus hogares.

Además, se necesita poco para empezar a ganar dinero en línea. Por lo tanto, no hay excusa para no tener múltiples fuentes de ingresos. Las razones por las que usted debería tener múltiples fuentes de ingresos se discuten a continuación.

Debe tener múltiples flujos de ingresos porque diversifica las fuentes de ingresos. Cualquier banquero puede decirle que la diversificación de su cartera ayuda a reducir los riesgos. Si está dispuesto a diversificar su cartera, ¿por qué no sus ingresos? Hay veces en las que las fuentes de ingresos se agotan. La diversificación de sus ingresos ayuda a disminuir los riesgos y a cubrirse en tiempos de sequía. Es devastador cuando quiere pagar el alquiler o la matrícula escolar, y su única fuente de ingresos se agota, dejándole dos opciones: pedir prestado a otros o no hacer el pago, lo que solo crea más problemas. Por eso es útil tener múltiples fuentes de ingresos, ya que una persona con ingresos diversificados rara vez tiene problemas financieros.

Para contrarrestar el desempleo

Todos se quejan de la alta tasa de desempleo, pero pocos hacen algo al respecto. El mundo ha cambiado, y la gente inteligente se ha dado cuenta de que no puede depender únicamente de sus trabajos. Esperar ofertas de trabajo no es prudente porque nunca llega a descubrir su potencial, así que, en lugar de terminar sus estudios y esperar ofertas de trabajo, usted debería considerar hacer algo que le guste. Hay muchas cosas que puede hacer y con las que puede ganar un buen dinero, y la paciencia es clave cuando empieza a buscar ingresos pasivos. Puede ser estresante al principio, pero las cosas mejoran con el tiempo. Pronto se dará cuenta de que es un emprendimiento que vale la pena, y podrá contratar gente cuando el negocio se expanda. Se aconseja a las escuelas que cambien la mentalidad de la gente sobre las fuentes de ingresos. La era de ir a la escuela y solicitar trabajos se ha terminado porque los trabajos son escasos. Aunque el empleo no es una mala idea, es prudente no convertirlo en su única fuente de ingresos. Si no sabe qué negocio iniciar, consulte a los expertos en carreras profesionales. El desempleo debería ser una cosa del pasado, dado el número de oportunidades que hay hoy en día. Si no tiene los recursos, puede asociarse con un amigo. Sin embargo, tenga cuidado con quién elige trabajar para evitar pérdidas. Algunas personas tienen malas intenciones y pueden engañarle para que trabaje con ellos, llevándose todas las ganancias. Si decide iniciar un flujo de ingresos con alguien, redacte un contrato y cumpla los términos. Crear flujos de ingresos no es tan difícil como la gente lo hace parecer y trabajar con alguien facilita el proceso de toma de decisiones porque tiene a alguien a quien consultar.

Para controlar sus ingresos

No todo el mundo consigue un aumento o un ascenso en su lugar de trabajo. Puede ser agotador si usted trabaja duro pero no recibe apreciación, y algunas personas terminan dejando sus trabajos por lo exigente y frustrante que es. Incluso si obtiene un ascenso este año, no hay garantía de que lo consiga el año que viene. Puede evitar esa frustración y tomar el control de su carrera creando múltiples flujos de ingresos y tener múltiples flujos de ingresos le da el control de ingresos y recursos. Puede darse un aumento de sueldo cuando quiera, y también la libertad de hacer las cosas como usted quiera. Hay algunos empleadores que pagan tarde o pagan en cuotas, lo que hace la vida difícil para los empleados porque se ven obligados a pedir dinero prestado a otras personas para llevar una vida significativa. Algunos empleadores se aferran a los salarios para evitar que los empleados se vayan, y los empleados no tienen más remedio que seguir trabajando allí con la esperanza de que les paguen. El hecho de tener múltiples fuentes de ingresos le permite decidir cuándo recibe el pago y le permite decidir no tomar dinero de una cierta inversión; en cambio, puede decidir permitir que crezca. Sabe cómo va el negocio, cuándo retirar el dinero y cuándo invertir más.

Crear un fondo de vacaciones

Todos tenemos lugares que deseamos visitar pero nos faltan los fondos. Podrían ser una nueva pareja que quiere tomarse un descanso del trabajo y recorrer el mundo, pero debido a los apretados horarios de trabajo y a los recursos limitados, renuncian a los planes. Esto se puede arreglar simplemente iniciando múltiples flujos de ingresos y luego, en lugar de hacer hincapié en dónde obtendrá el dinero para visitar los lugares que ama, usted inicia un fondo de vacaciones. Los diferentes flujos de ingresos significan que el dinero vendrá de diferentes fuentes, y puedes dirigir el dinero de una o dos fuentes al fondo de vacaciones. Además, tener múltiples flujos de ingresos elimina el estrés que viene con el empleo. Puede poner a alguien a cargo de su negocio o negocios, monitorear el progreso de cada uno, y usar el tiempo extra para hacerse cargo de su vida. También le permite disfrutar de sus vacaciones en paz sabiendo que el dinero está entrando. Además, muchos empleados rara vez tienen tiempo para viajar debido a la naturaleza de sus trabajos, y sus familias viajan solas la mayor parte del tiempo. Tales trabajos pueden crear una tensión en la familia y causar una ruptura. El agotamiento es real, y los empleados que trabajan continuamente sin descanso arriesgan su salud, y a menudo se enfrentan a un sinfín de problemas emocionales y sociales. Tener múltiples fuentes de ingresos no solo le permite ahorrar para vacaciones, sino que también le da el tiempo necesario para descansar. Le permite pasar tiempo con sus seres queridos y relajarse de la agitada vida laboral. Usted vuelve con la mente despejada, listo para hacer negocios, y los días de pedir dinero prestado cada vez que quiere viajar con su familia se terminaron.

Para mantener sus valores

Muchos negocios hoy en día requieren que los empleados comprometan sus valores para encajar. Los millennials son aplaudidos por adherirse a sus valores más que cualquier otra generación. Sin embargo, cuando usted trabaja en una empresa que quiere que haga ciertas cosas en las que no cree, no tiene muchas opciones; o cumple o renuncia. Sería más fácil renunciar si hubiera muchas oportunidades, pero no es así. De repente le golpea el miedo a permanecer desempleado durante años o a conformarse con menos. Muchas personas comprometen sus valores y creencias para complacer a sus empleadores y algunos empleadores no reconocen el sacrificio que la gente hace para mejorar la empresa. Todo lo que les importa es aumentar sus beneficios a expensas de la moral de los empleados. La creación de múltiples fuentes de ingresos le permite participar en actividades que no pesan sobre su conciencia, dándole la paz mental y la confianza para trabajar duro, y también le lleva a la satisfacción y la confianza en sí mismo.

Las personas que se dan cuenta de un gran sentido de realización son las que trabajan en casa. Durante mucho tiempo, la norma era levantarse temprano, subir la escalera de la carrera profesional y retirarse; ahora, las cosas han cambiado drásticamente, y más gente opta por crear múltiples flujos de ingresos, lo que les permite trabajar con personas afines. Cualquier propietario de negocio puede decirle que trabajar con personas que tienen creencias y valores contrarios puede paralizar el negocio. La creación de múltiples flujos de ingresos no solo le permite crear su propio sistema de valores, sino también trabajar con personas de ideas afines. Cuando la gente tiene valores similares, se hace más fácil lograr las metas que se han establecido.

Para tomar riesgos

Mucha gente no quiere dejar su empleo porque les gusta la comodidad que trae. No quieren correr riesgos por su cuenta. Argumentan que no son buenos en los negocios, pero la verdad es que no quieren correr riesgos, y solo los que corren riesgos tienen éxito en la vida. No hay garantía de que una decisión comercial traiga beneficios; todo lo que se puede hacer es tomar decisiones y esperar lo mejor. A veces esas decisiones conducen a ganancias masivas, pero otras veces contribuyen a las pérdidas esperadas. Si usted es el tipo de persona que teme tomar riesgos, le será difícil experimentar el éxito. La creación de múltiples fuentes de ingresos requiere de una persona que asuma riesgos. Una cosa de la que puede estar seguro es que cometerá muchos errores en el proceso, sin embargo, aprenderá lecciones que lo convertirán en un mejor administrador.

Para desafiarse a sí mismo

La verdad es que no conocerá todo su potencial a menos que intente algo diferente. Salga de su zona de confort y empiece ese negocio en el que ha estado pensando por un tiempo; puede ser arriesgado, pero ahí es donde descubrirá su potencial. En lugar de quedarse en un trabajo donde es miserable, desafíese a sí mismo empezando un flujo de ingresos pasivo. Los millennials prosperan con la adrenalina y las cosas que los desafían, e incluso las empresas entienden la naturaleza de los millennials para cambiar las cosas en las oficinas para que sean atractivas para ellos. Los millennials tienen mucho potencial, pero se necesita dedicación para aprovecharlo.

Para pagar los gastos de la universidad

Muchos estudiantes no pueden pagar la matrícula de la universidad por falta de fondos. Haga de esto un recuerdo lejano comenzando un ingreso pasivo hoy. Los padres empiezan a ahorrar para la universidad de sus hijos, pero los problemas financieros descarrilan los planes. En lugar de usar su jubilación para ahorrar para la universidad, ¿por qué no crear una fuente de ingresos alternativa para solucionarlo?

Los costos universitarios varían de un estado a otro; téngalo en cuenta y ahórrese la molestia de buscar préstamos cuando le sea posible obtener dinero por sí mismo encontrando los ingresos pasivos adecuados dedicados a ello. Muchos estudiantes abandonan la universidad porque sus padres no invirtieron sabiamente, pero los estudiantes pueden ganar dinero y pagar sus matrículas o deudas. Si sus padres no pueden pagar sus cuotas, puede hacerlo usted mismo. Muchos jóvenes han creado canales en YouTube para ganar dinero, y si usted creativo, hay muchas maneras de aprovechar varias actividades para ganar dinero en Internet. No renuncie a sus sueños solo porque sus padres no puedan pagar su matrícula. Puede encontrar un trabajo a tiempo parcial y obtener un título universitario.

Con el alto índice de oportunidades, no hay excusa para rendirse. Si decide aventurarse en un negocio en línea, busque el consejo de personas hayan tenido éxito en ello. Además, pasará algún tiempo antes de que gane muchos seguidores, así que debe ser paciente y confiar en el proceso. Mientras haga lo que le gusta y trate de mejorar cada día, las cosas funcionarán al final. Lo que impide a muchas personas tener éxito es compararse con los demás. Usted no conoce el camino de otra persona; algunos llevan mucho tiempo en el negocio, por eso tienen más éxito que usted. Otros son simplemente más hábiles que usted, y eso está bien. Tenga en cuenta que está haciendo este negocio por usted, no por otra persona. Cuando aprecia sus propios esfuerzos y mantiene el enfoque, se hace fácil alcanzar el éxito. Si está en la universidad, viva de acuerdo a sus medios porque no tiene sentido crear múltiples fuentes de ingresos como estudiante si va a hacer un mal uso del dinero. Muchos estudiantes ganan buen dinero, pero lo usan en fiestas, compras y otras cosas inútiles. Se dan cuenta de sus errores cuando se acercan los exámenes, pero no se han ocupado de sus cuotas, y pueden perder un semestre entero de progreso. Aunque sus padres ahorren dinero para sus estudios universitarios, si no usted sabe cómo usarlo, no tiene sentido. El secreto para conseguir dinero es usar lo que tiene sabiamente. Gaste el dinero en las cosas más importantes primero y use el saldo en indulgencias. A los estudiantes universitarios les encanta divertirse, y eso es normal, sin embargo, no lo haga a expensas de sus estudios. Aprenda a ganar dinero para complementar lo que le dan sus padres; aprender a ganar dinero mientras está en la escuela le facilita la adaptación al mundo exterior una vez que termine la escuela. Al final del día, lo que importa es que termine la universidad y desarrolle una buena carrera. Además, tendrá una fuente de ingresos una vez que termine la universidad. Muchos estudiantes tienen dificultades para conseguir trabajo después de la universidad, y siguen dependiendo de sus padres, pero si empieza el canal de YouTube temprano, puede crecer hasta convertirse en una buena fuente de ingresos.

Para satisfacer el creciente costo de salud

La reforma de salud ha llevado a un aumento de los costos de salud, y la gente está sintiendo el golpe. Es extremadamente difícil para las personas con salarios pequeños y familias grandes. Muchas personas no buscan servicios de salud porque no tienen dinero para pagar. El tener múltiples fuentes de ingresos permite cubrir los altos costos médicos y alivia la carga que esto conlleva. En lugar de esperar a que su empleador aumente su salario o aumente su cobertura médica, tenga una fuente alternativa de ingresos. El gobierno ha implementado medidas para proporcionar atención médica a todos, pero hay limitaciones. El gobierno ha sido acusado en el pasado de no hacer lo suficiente para mejorar la atención médica y hay un gran debate en curso sobre si el gobierno necesita hacer más para mejorar el acceso a la atención médica. Lo bueno es que está involucrando al público en las formas de proveer servicios. La creación de múltiples fuentes de ingresos le garantiza una buena cobertura médica, y no se preocupará en caso de una emergencia médica. Muchas personas se ven obligadas a pedir dinero prestado para pagar las facturas médicas acumuladas a lo largo del tiempo, algunas se ven obligadas a permanecer en los hospitales más tiempo del necesario mientras sus familias buscan el dinero o son dadas de alta demasiado pronto porque no pueden pagar la atención. El empleo puede terminar cuando más se necesita. Algunos empleadores no son comprensivos y terminarán su contrato cuando usted esté enfermo. No le dirán directamente que no quieren trabajar con usted, sino que crearán problemas y le culparán por ello. Puede demandar al empleador, pero puede llevarle tiempo obtener una indemnización por terminación ilegal; esto puede ser un gran golpe si usted está enfermo y necesita atención médica. Tener otras fuentes de ingresos ayuda a cubrir los gastos médicos cuando termine su trabajo, así que evite el estrés que viene con el aumento de los costos médicos teniendo un ingreso pasivo, ya que las cuentas médicas pueden acumularse y se vuelven difíciles de liquidar si no tiene un trabajo estable.

Para pagar deudas

Si alguna vez ha tenido deudas, entonces sabe la presión que conlleva. El prestamista puede exigir el dinero cuando menos lo espera. Muchas relaciones se han roto porque una de las partes no ha cumplido con sus deudas. Mientras que algunas personas tienen el hábito de pedir prestado y nunca devolverlo, otras carecen realmente de dinero. Es difícil cuando el prestamista no es su amigo. Puede que haya pedido prestado dinero al banco para completar un proyecto y no lo haya recuperado. El no liquidar las deudas pendientes tiene consecuencias graves y puede dañar su reputación. Pocas personas optan por perdonar al deudor o darles más tiempo. La mayoría de las veces, el prestamista informa a las autoridades o se lleva cosas de su casa para saldar la deuda. Evite la vergüenza que conlleva no honrar su deuda creando múltiples flujos de ingresos, ya que el dinero proveniente de varias fuentes facilita el pago de deudas más rápidamente. Esto desarrolla su reputación y le hace confiable; puede pagar su deuda lentamente, según lo disponga el prestamista. También considere que tener múltiples flujos de ingresos puede permitirle, un día, convertirse en un prestamista.

Para vivir una vida plena

El número de personas que están descontentas con lo que están haciendo es extremadamente alto. Se sienten atrapados porque no tienen otra opción que permanecer en la situación actual, haciendo un trabajo que es agotador y les chupa la vida. Si usted se identifica con eso, puede empezar estando deprimido, triste e inseguro sobre el futuro. Libérese de esta prisión creando múltiples flujos de ingresos, haga lo que quiera hacer, y ya no estará atado a las expectativas de su empleador. Si no está contento con su situación actual, haga algo al respecto en lugar de quejarse. Tener múltiples fuentes de ingresos le permite vivir una vida feliz y satisfactoria, haciendo las cosas a su manera sin presiones. Además, le permite hacerse cargo de su vida y dictar cómo se realizan las cosas. Las personas con múltiples fuentes de ingresos dan fe de sus beneficios y animan a todos a unirse a ellos. Contrariamente a lo que mucha gente cree, no es necesario tener muchos recursos para comenzar un nuevo emprendimiento; todo lo que se necesita es determinación y una fuerte voluntad. Puede ser difícil al principio, pero se vuelve fácil con el tiempo.

Para mejorar la economía

Es necesario que las personas se aventuren en un negocio para aumentar sus ingresos e impulsar la economía. Los gobiernos dependen del sector empresarial para prosperar, y si más personas se incorporan, será más fácil levantar las economías. Algunos gobiernos ofrecen capacitación y patrocinio gratuitos a las personas que desean crear flujos de ingresos. Aproveche esas ofertas para convertirse en un buen gerente de negocios y aumentar su potencial para ganar dinero. El costo de la vida es alto, y el único remedio es crear más oportunidades. De esta manera, tener múltiples flujos de ingresos también ayuda a la economía. Si el sector empresarial es estable, el gobierno ya no tendrá que depender solo de los donantes externos o de los impuestos para mantenerse a flote. Lo importante es tomarse el tiempo necesario para comprender cada sector y las aptitudes que se necesitan para prosperar. Muchas personas han manifestado su interés en iniciar empresas y, mediante una capacitación y orientación adecuadas, más personas desarrollarán un interés en crear múltiples flujos de ingresos. A medida que vean que este enfoque funciona, dejarán la actitud de depender únicamente del empleo y comenzarán a crear ingresos estables para sí mismos.

Capítulo 2: Beneficios de los ingresos pasivos

El tiempo es demasiado precioso para desperdiciarlo en ganancias sin sentido. Solo tiene 24 horas en un día, y es por eso que debe tener cuidado en cómo emplea su tiempo. A diferencia del dinero que se puede gastar, perder y recuperar, el tiempo es irreversible. Una de las mejores maneras en que puede gastar su tiempo es encontrando y manteniendo flujos de ingresos pasivos. Una vez que se aventure en esta ruta, nunca se arrepentirá, ya que es la única manera de que los ricos se hacen más ricos. Le permite lograr más con el tiempo limitado que tiene al día, permitiéndole ganar más porque está haciendo diferentes cosas al mismo tiempo. Cuando está empleado por alguien más, hay veces en las que pierde el tiempo toda la tarde; sentado y esperando a las 5 p. m. para ir a casa. Considere el número de horas que pierde en la oficina sentado sin hacer nada; puede hacerse rico creando un ingreso pasivo, generando dinero en otras actividades. Mucha gente ha oído lo fácil que es crear y mantener un ingreso pasivo, pero no saben cómo empezar. Otros tienen miedo de aventurarse en lo desconocido y los riesgos que esto conlleva. A pesar de sus beneficios, los ingresos pasivos no son tan fáciles como muchos creen. Requiere compromiso y puede requerir más esfuerzo que su empleo regular. Tiene que sacrificar mucho para mantener un ingreso pasivo, especialmente si tiene muchas actividades. Experimentará muchas cosas en el proceso –que pueden ayudarle o destruirle. A pesar de los desafíos, los ingresos pasivos son el camino hacia la riqueza y la satisfacción. A continuación se presentan los beneficios de la renta pasiva

La libertad de su tiempo

El tiempo no se recupera. No puede decidir retroceder el tiempo porque ayer lo utilizó mal. Imposible. Por eso es importante empezar hoy con los ingresos pasivos cuando tiene tiempo. Usted es libre de hacer lo que quiera cuando quiera. El empleo formal es exigente y le quita de cualquier libertad que quiera. Se supone que debe estar en la oficina a una hora específica y solo se va cuando el trabajo está hecho, obligado a sacrificar tiempo con la familia para complacer a su jefe. Otras veces hace largos viajes de trabajo y vuelve a trabajar inmediatamente cuando regresa, apenas tiene tiempo para usted mismo. Lo bueno de crear un ingreso pasivo es que usted está a cargo, decidiendo poner mucho esfuerzo en una semana y estar libre la siguiente. Alternativamente, puede optar por poner a alguien a cargo, dejándole manejar los deberes diarios. Todo depende de usted cuando tiene un ingreso pasivo. Sin embargo, la comodidad que proporcionan los ingresos pasivos no significa que esté libre de sus obligaciones. Todavía tiene que ponerse a trabajar para que la renta pasiva genere beneficios. La única diferencia entre tener un ingreso pasivo y una fuente de ingresos es la flexibilidad; siempre que su ingreso pasivo genere los ingresos esperados, usted es libre de dedicar tiempo a otras cosas. También debe tener cuidado al elegir a quién poner a cargo. No le dé un puesto a alguien solo porque exprese intereses o esté relacionado con usted. Si usted va a estar fuera por mucho tiempo, es mejor poner a cargo a una persona profesional, confiable y honesta. Debe poder confiar en que ellos tomen las decisiones correctas y manejen el dinero con honestidad. Algunas personas han perdido negocios enteros al poner a la persona equivocada a cargo de ese negocio. No se deje engañar por el comportamiento de una persona (algunas personas dirán cualquier cosa y actuarán de cualquier manera para conseguir el trabajo). Si no está seguro de alguien, busque una segunda opinión. La libertad que viene con los ingresos pasivos no debe ser mal utilizada, por lo que solo tome un descanso luego después de poner todo en orden, dejándolo solo cuando esté seguro de tener a alguien capaz a cargo. Una vez que sus ingresos pasivos funcionen sin problemas, puede tomarse un tiempo para recorrer el mundo con su familia o hacer cosas por usted. Ahora depende de usted que no tenga que preocuparse por el dinero. Si es soltero, puede decidir sentar cabeza y formar una familia. La libertad de tiempo le da la libertad de elegir.

Reduce la ansiedad, el estrés y los temores sobre el futuro

El futuro es incierto si solo se tiene una fuente de ingresos. Podría quedar varado si pierde su trabajo de repente y el tener solo una fuente de ingresos le hace sufrir mucho estrés y ansiedad extrema. A menudo, la gente teme dejar sus trabajos estresantes porque no tienen opciones. Si se van, tienen que empezar desde cero, y ahora están estresados por mantener a sus familias y subir la escalera profesional, de nuevo, desde el último peldaño. Dependen de la fuente de ingresos y comprometen sus valores regularmente.

No hay nada más estresante que no poder pagar las cuentas. Es aún peor si usted tiene hijos en la escuela y otros dependiendo de usted, causando frustración y desesperanza. Empieza a preguntarse qué pasará si pierde su trabajo y cómo reaccionarían ellos. Se agobia física, emocional y socialmente. Pierde la esperanza en el futuro y deja de trabajar duro porque todo lo que ve es un fracaso. Es difícil dar lo mejor de nosotros mismos si vivimos con miedo y ansiedad. Nos desempeñamos mal porque no estamos en el momento, y se hace difícil disfrutar de lo que tenemos porque estamos constantemente preocupados por el "qué pasaría si...". Estamos atrapados en nuestros pensamientos, a menudo perdiendo la concentración, lo que hace imposible romper las cadenas que nos atan; la negatividad no ayuda. El ingreso pasivo alivia todas las preocupaciones asociadas con tener una sola fuente de ingresos. Incluso si una falla, usted puede relajarse, sabiendo que está cubierto por la otra. Puede vivir el momento, disfrutando de lo que tiene, cuidando de su familia y sintiéndose bien por sus logros. Cuando no está estresado por sus ingresos, usted es más efectivo y productivo, obteniendo muchos más logros cuando sabe que está relajado y seguro de que tiene un flujo constante de ingresos de diferentes fuentes. Además, usted prospera emocional, física y mentalmente cuando tiene ingresos pasivos. ¿Alguna vez ha conocido a esas personas que están constantemente deprimidas, sin esperanza en la vida? Algunos de ellos se ven afectados por problemas financieros en la familia. El ingreso pasivo aumenta su impulso para lograr más y hacer más. Elimina los temores sobre el futuro. Asegure su futuro hoy comenzando con un ingreso pasivo, porque aunque tenga un buen trabajo hoy, nadie sabe sobre el futuro. Puede parecer que todo está en su sitio, pero las cosas cambian; las personas inteligentes saben que el futuro es incierto, y toman medidas para asegurarlo hoy. Lo hacen determinando cómo ganar dinero haciendo lo que aman. No tiene que hacer cosas complejas para hacer una fortuna. De hecho, es más probable que gane más haciendo las cosas que le gustan porque está motivado a trabajar duro cuando hace cosas que le dan alegría. No empiece a obtener ingresos pasivos porque otros lo están haciendo, porque podría darse cuenta de que no es el camino correcto para usted cuando sea demasiado tarde. En cambio, tómese el tiempo de evaluar los ingresos pasivos para saber si es el camino correcto para usted.

Aunque tener una sola fuente de ingresos puede ser estresante, también puede ser estresante tener múltiples fuentes de ingresos si no se manejan adecuadamente. No se esfuerce en los intentos de hacer múltiples pequeñas fortunas; si la carga de trabajo es excesiva, pida ayuda. Alternativamente, puede posponer algunas opciones hasta que tenga tiempo. Los ingresos pasivos son agradables si se hacen correctamente.

Le permite hacer cosas que le gustan

Hay pocas personas que se sienten realmente satisfechas con el tipo de trabajo que tienen. Muchos siguen una carrera solo por el dinero, no por el amor al trabajo. Los ingresos pasivos le permiten hacer las cosas que ama. Le lleva a la satisfacción y la felicidad. A todos nos apasionan algunas cosas. Sin embargo, a menudo posponemos hacer lo que nos apasiona por miedo al fracaso, a la falta de fondos o de oportunidades. Cualquiera que sea la razón, todos merecen una oportunidad de hacer lo que aman, y deberíamos ser libres de complacer nuestras fantasías sin reproches o miedo al fracaso. Lamentablemente, no todos tienen la oportunidad de hacer lo que aman, quedando atrapados en trabajos que odian, y viviendo con arrepentimiento por no haber tomado diferentes caminos profesionales. Los ingresos pasivos le permiten hacer lo que realmente le importa. Además, le libera para ser usted mismo, permitiendo una flexibilidad que le permite crear tiempo para su familia y para usted. Tiene la oportunidad de descubrir quién es usted, y su propósito.

Los ingresos pasivos le liberan de las expectativas sociales

¿Quién dijo que tiene que ir a la escuela, graduarse y encontrar trabajo? Mucha gente quiere cumplir con las expectativas sociales y renuncian a sus sueños. Algunos miembros de la familia se sienten ofendidos cuando no tiene múltiples fuentes de ingresos. Otros pueden acusarle de participar en actividades ilegales. Lo más importante es tener paz interior. Mientras haga lo correcto, no hay que temer ser un espíritu libre que tiene derecho a ser ellos mismos.

La gente que realmente se preocupa estará ahí con usted, apoyando sus esfuerzos de ingresos pasivos. El ingreso pasivo cambia su enfoque de trabajar para pagar las cuentas a vivir su propósito. Tristemente, hay padres que tienen expectativas poco realistas de sus hijos, y algunos usan a sus hijos para cumplir con metas que ellos mismos no lograron. Definen el camino profesional que el niño debe tomar, y no hay negociación. Tales niños crecen miserablemente porque no tienen voz, la presión es demasiada, y no tienen a nadie a quien recurrir. Puede ser difícil enfrentarse a sus padres. Otros siguen las directrices de sus padres incluso cuando no es lo que quieren. Si no se siente cómodo haciendo algo, hable. La otra parte puede no saber que no se siente cómodo siguiendo ese camino, pensando que ambos están en la misma página. Las expectativas de la sociedad impiden que muchos alcancen sus sueños. En algunas sociedades, es un error que las mujeres se dediquen a ciertos negocios, limitándolas a roles específicos como la limpieza, la cocina y la crianza. Estas mujeres no tienen apoyo, ni siquiera de sus familias y amigos, para promover sus sueños. Siguen las expectativas de la sociedad y nunca cuestionan nada, y las pocas que se defienden a sí mismas son consideradas a menudo como parias. La sociedad debería dejar a la gente vivir por sí misma.

Lo peor que le puede pasar a una persona es dejar que otros dicten su vida. Mientras usted sea feliz, no se preocupe por lo que digan los demás. Los ingresos pasivos son una forma de hacer lo que ama, lo acepte o no la sociedad. Es una forma de defenderse y ser escuchado. Si usted ha soñado con aventurarse en un cierto negocio, no deje que las expectativas sociales le impidan hacerlo; póngase de pie y sea tomado en cuenta. Mucha gente vive vidas miserables porque no pueden decir lo que piensan, pero es hora de cambiar esa narrativa. En el momento en que deje de preocuparse por lo que la sociedad quiere es cuando será verdaderamente feliz, ya que el éxito llega cuando considera sus propios sentimientos, ideas e intereses. Esto no le hace egoísta; solo significa que no estás influenciado por lo que otros piensan. Además, significa que usted es lo suficientemente fuerte para manejar lo que el mundo le arroja. Puede ser aterrador defender lo que cree, pero eso es lo que le hará exitoso, separándole de todos los demás. La gente se resistirá al cambio, pero con el tiempo lo aceptarán, pero solo cuando se vuelva inamovible en el inicio de su flujo de ingresos pasivos y sea diligente con él, trabajando duro y diciéndole a la gente por qué lo estás haciendo. La sociedad puede resistirse a ello porque no entienden lo que implica. Otros pueden tener ideas equivocadas sobre su fuente de ingresos, así que depende de usted cambiar sus mentes y mostrarles el lado bueno de su esfuerzo. Participar en un ingreso pasivo que es mal visto por la sociedad que le rodea puede ser estresante y duro; se requiere de gente de fuerte voluntad para que sea exitoso.

Puede trabajar en cualquier lugar

Lo bueno de los ingresos pasivos es que se puede hacer en cualquier lugar cuando se usa Internet. ¡Puede vivir en cualquier lugar y aun así le pagan! A algunas personas les encanta viajar y no pueden permanecer en un lugar por mucho tiempo, así que con los ingresos pasivos, pueden salir a la carretera en cualquier momento. Solo tiene que poner las cosas en su lugar para facilitar sus viajes. A diferencia de un trabajo regular en el que tiene que quedarse en un lugar determinado, usted es un pájaro libre con ingresos pasivos. No lo pensará dos veces antes de mudarse al lugar donde siempre ha querido vivir. Algunas personas desean mudarse a nuevos lugares pero no pueden debido a la naturaleza de sus trabajos y se ven obligados a permanecer en lugares que no son felices. Otros viven lejos del trabajo, viajando largos trayectos cada mañana. Los costos de estos viajes pueden ser altos, forzando a muchos a reubicarse. La buena noticia es que no tendrá que viajar si hace de los trabajos en línea su ingreso pasivo. Puede hacerlo en cualquier lugar, ahorrando dinero que de otra manera gastaría todos los días en su transporte. Al final del mes gana más que los que se levantan todos los días y empiezan a ir a trabajar fuera de sus casas o de sus comunidades.

Crecimiento económico y estabilidad

Puede acumular una gran suma de riqueza en un corto período de tiempo. Esto es cierto para aquellos con trabajos regulares e ingresos pasivos, canalizando el dinero de los ingresos pasivos a una cuenta de ahorros, invirtiendo el dinero una vez que alcanza una cierta cantidad. Los ingresos pasivos conducen a estabilidad financiera. Cuando tiene un ingreso automático y no se preocupa por pagar las cuentas a fin de mes, puede concentrarse en fortalecer su posición financiera. Tiene tiempo para hacer estudios de mercado y encontrar áreas de inversión, evaluar las condiciones del mercado y tomar decisiones más sabias. El ingreso pasivo hace que sea fácil enfrentar los desafíos de la vida. Si alguna vez se ha visto obligado a pedir prestado una gran suma de dinero para hacer frente a una emergencia, entonces sabe la importancia de tener un flujo de ingresos adicionales, fuera de su ingreso regular. A veces surgen retos para los que no tiene dinero, y si depende solo de su trabajo, puede quedarse estancado. Aunque los problemas seguirán surgiendo de vez en cuando, los ingresos pasivos hacen que sea fácil abordarlos. Tanto si estás de acuerdo como si no, los ingresos pasivos son primordiales. Puede beneficiarse enormemente de los ingresos pasivos si no se rinde. Da libertad financiera como ninguna otra. Además, conduce a la independencia. Deje de depender de la gente y empiece a depender de usted mismo, tomando decisiones de inversión. Antes, su empleador solía hacerlo todo, pero ahora la pelota está en su campo, y aunque al principio puede ser aterrador, pronto aprende a hacer las cosas. La estabilidad financiera contribuye a un crecimiento significativo en otros aspectos de su vida, dándole la esperanza de un futuro mejor. No hay razón para fallar si hace una investigación adecuada e invierte sabiamente. Es hora de quitarse los grilletes en cuanto a tener una sola fuente de ingresos, así que desafíese hoy mismo a dar ese salto de fe, liberándose usted y su familia de los miedos del mañana.

Ofrece una salida creativa

Si usted es el tipo de persona que ama crear cosas, entonces los ingresos pasivos son para usted. Confiar en una fuente de ingresos puede impedirle explorar sus intereses, y es aún peor si trabaja para alguien. No puede incorporar sus ideas de la manera que desea, y debe pedir permiso antes de hacer nada. A veces sus ideas son rechazadas porque alguien más no cree que sean relevantes. Si no tiene las agallas para hablar, su creatividad se va por el desagüe. Por eso es crucial tener un ingreso pasivo que le permita ser quien es usted. El agotamiento se produce cuando los empleados son constantemente bombardeados con trabajo sin parar; y no pueden quejarse de ello porque los empleadores piensan que es una falta de respeto que los empleados exploren su lado creativo sin consultarles. En cierto modo, los empleadores pueden tener razón porque tener su nariz en cada esquina les permite saber todo lo que está pasando en la empresa. Cuando usted tiene ingresos pasivos, puede explorar diferentes cosas, eliminando una gran posibilidad de agotamiento. Su éxito depende de lo que quiere hacer y de cómo hacer que sus ideas cobren vida; sus ideas no son ignoradas por un jefe, y no depende de otra persona. Otros no se apasionan por sus creencias, y eso es comprensible, por lo que los flujos de ingresos pasivos le permiten ser quien es y ganar dinero en el proceso.

Mejora la salud mental, física y emocional

Todos sabemos el estrés que conlleva tener una fuente de ingresos. Pierde la concentración y la esperanza cuando no está seguro de sus ingresos. Puede afectar sus relaciones y convertirle en un zombi andante, además que depender solo de una fuente de ingresos es peligroso para su salud física y mental. Dedica mucho tiempo a terminar proyectos y complacer a su jefe, y otras veces trabaja horas extras para terminar trabajos pendientes. No tiene tiempo para ir al gimnasio o simplemente relajarse. Mucha gente se queja de lo abrumador que es tener una fuente de ingresos. Hace todo lo posible para mantener el trabajo a expensas de su salud. También conlleva a problemas de salud mental porque siempre se preocupa de que las cosas vayan mal. No deja de pensar: *¿Qué pasa si pierdo mi trabajo?* Se vuelve paranoico y pierde la concentración. Su salud mental comienza a sufrir, y en poco tiempo, no puede hacer frente. Es de esta manera, bajo estas presiones y con estos pensamientos que depender de una fuente de ingresos es peligroso para su salud mental, física y emocional. Le falta tiempo para socializar con amigos y familiares, y cada vez que *le invitan* a algún lugar, no tiene tiempo.

Sin embargo, a pesar de sus beneficios, los ingresos pasivos requieren un compromiso. Hay que planificar bien para evitar contratiempos y tener todo lo necesario para que los ingresos pasivos tengan éxito. Puede que no gane mucho dinero, pero al menos estará en paz.

Capítulo 3: Cómo ganar dinero con alquilando propiedades

No es ningún secreto que se puede hacer buen dinero con alquilando propiedades. No hace falta decir que una propiedad bien situada puede generar buenos rendimientos, más que cubrir la cantidad usada para financiarla. Aquellos que han tenido casas individuales durante mucho tiempo se jactan de grandes cantidades de capital, y han ahorrado mucho dinero a lo largo de los años. Para tener éxito en el sector inmobiliario, es necesario tomar decisiones inteligentes. Muchas personas generan pocos beneficios debido a que toman decisiones mal calculadas a medida que su propiedad crece. Es fácil ganar dinero con su primera propiedad de alquiler, y es fácil (y sabio) aprender de la competencia. No ignore ni descarte a los competidores, ya que algunos de ellos han estado en el sector durante mucho tiempo. Es prudente conocer a sus competidores y tomarse el tiempo de aprender de ellos; una vez que entienda cómo funciona el sector, podrá proceder. Utilice siempre los mejores instrumentos de análisis para evaluar el mercado inmobiliario. A continuación, los secretos para ganar dinero con una propiedad de alquiler.

Presupuesto correcto

Esta es un área en la que la mayoría de la gente se equivoca: no hacer un buen presupuesto antes de comprar una propiedad de alquiler. Usted debe determinar si tiene la cantidad necesaria para comprar la propiedad, así como determinar si vale la pena la inversión y si está en buenas condiciones. Debe hacer estas preguntas mientras prepara el presupuesto, asegurándose de que sus cálculos son correctos. La gente gana dinero en bienes raíces reduciendo sus pérdidas para aumentar las ganancias. Esto significa que hay que buscar maneras de aumentar los beneficios por todos los medios posibles. Es bueno que conozca todos los riesgos relacionados con la propiedad en alquiler; estará en mejor posición para manejar los riesgos si entiende cuáles son. Utilice la experiencia de los antiguos inversores inmobiliarios de su zona y averigüe cuánto se gasta en las propiedades en términos de gastos, tanto esperados como inesperados, obteniendo la mayor cantidad de información posible para que no le pillen desprevenido. Puede utilizar una herramienta de análisis comparativo para obtener toda la información necesaria, y eso también le educará más sobre otras propiedades en un área determinada. Puede usar una calculadora de propiedades de inversión para obtener el costo de la compra de una propiedad de alquiler. Tenga un presupuesto y expectativas realistas. No tiene sentido subestimar o sobrevalorar la propiedad o los costos necesarios para volver a ponerla en condiciones de venta. No presupueste lo que no tiene; en cambio, planifique con lo que tiene. Si está esperando el dinero de algún lugar, espere hasta que lo tenga. El proceso de elaboración del presupuesto es delicado. Puede contratar a un experto financiero para preparar el presupuesto.

Conocer a su competencia

Algunos inversores cometen el error de subestimar a sus competidores. Por el contrario, es necesario conocerlos. No vea a sus competidores como enemigos, sino como personas de las que aprender. Si llevan más tiempo en la industria, aprenda sus secretos, si es posible. El sector inmobiliario es muy competitivo, y depende de usted hacerse un nombre. Las empresas tratan de superarse mutuamente todos los días.

Hay alquileres a largo y a corto plazo. Para que tenga éxito en la industria, debe conocer las tendencias del mercado. Estos le informan de los deseos de los clientes y de las áreas en las que se puede especializar. Recientemente, los "baby boomers" tendieron a vender sus casas y cambiar a apartamentos ocupados por personas mayores. Los propietarios de esta área observaron la tendencia y aprendieron dónde invertir. Si una persona comete el error de comprar una propiedad de alquiler para venderla a los "baby boomers", entonces habrá incurrido en pérdidas. Elegir la estrategia de alquiler correcta basada en las tendencias del mercado y conocer a sus competidores le ayudará a poner las cosas en perspectiva y le iluminará en cuanto a las áreas que debe vigilar. Algunas personas se apresuran a unirse al sector inmobiliario sin entender cómo funciona. Analizar a su competencia es la forma más fácil de aprender cómo funciona el mercado y también aclara las expectativas. Además, puede aprender de los errores de sus competidores y minimizar los riesgos. La competencia es importante porque le mantiene alerta. También les da a los clientes opciones para elegir. El sector inmobiliario sería aburrido si solo hubiera una empresa o inversores, y la gente no estaría interesada en invertir en el sector. La competencia es saludable y motiva a la gente a trabajar duro; ¡las empresas inmobiliarias no se esforzarían más si los clientes no tuvieran opciones! Los clientes son educados en la calidad y no se conforman con menos, por lo que las empresas deben ofrecer bienes y servicios de calidad para retener a los clientes. Del mismo modo, su propiedad de alquiler necesita ajustarse a las expectativas del mercado para tener un buen rendimiento.

Ofrecer a los clientes ofertas que no puedan resistirse

Nada atrae más a los clientes que los buenos negocios. Cuando usted ofrece servicios de calidad a buen precio, los clientes están obligados a ir a su tienda, y recomendarán sus servicios a sus familiares y amigos. Como inversor, compre una propiedad de alquiler que esté en buen estado a un precio razonable, y también considere la ubicación. Debe ser atractiva para que los clientes desarrollen interés.

Las comodidades marcan una gran diferencia en cuanto a por qué los clientes se deciden por alquilar su propiedad. Aquí es donde la investigación de mercado es útil, informándole lo que los clientes están buscando. Una vez que determine lo que los clientes quieren, ofrézcaselo. Haciendo esto, usted tendrá más gente alquilando su propiedad, evitando los periodos de sequía, como otros propietarios. Tratar con una propiedad de alquiler necesita gente inteligente que pueda tomar buenas decisiones, así que conozca el mercado y diversifique sus servicios, enfocándose principalmente en lo que los clientes quieren y ofreciendo servicios impecables. Hay numerosas propiedades de alquiler, así que haga que la suya sea única, haga que se destaque. Tendrá más gente queriendo alquilar su propiedad cuando tenga todas las comodidades en su lugar. Algunas personas piensan que si bajan el precio, no ganarán buen dinero, pero no es así. Como es menos probable que los clientes alquilen su propiedad si es cara, es mejor bajar el precio un poco y tener inquilinos, que no tener ningún inquilino. Reduzca sus precios y maximice las ganancias manteniendo sus propiedades alquiladas.

Conocer y cumplir las normas y reglamentos

El sector inmobiliario tiene normas y reglamentos, y su incumplimiento puede dar lugar a multas, o incluso a la confiscación de sus bienes. ¡No querrá que eso suceda después de gastar mucho dinero para comprarla! Por lo tanto, asegúrese de conocer todas las reglas y cumplirlas por su propio bien. La primera regla es conocer las leyes y las regulaciones de alquiler en su área. Familiarizarse con las reglas le ahorrará dolores de cabeza en el camino. Antes de comprar cualquier propiedad, averigüe si puede ganar o perder con ella.

Alquilar a buenos inquilinos

Lo peor que le puede pasar a un propietario de alquiler es conseguir un mal inquilino. Este es el tipo de persona que nunca paga el alquiler a tiempo, teniendo que recordarle constantemente que pague sus cuentas. Estas personas son difíciles de tratar y pueden agotar su energía. Si su propiedad tiene servicios compartidos, tales inquilinos hacen la vida difícil a otros, ya que a menudo priorizan sus necesidades a expensas de los demás. Deshacerse de ellos es otra pesadilla. Incluso cuando se señalan sus errores, nunca aceptan la responsabilidad y en su lugar, se ponen a la defensiva. Conseguir buenos inquilinos es raro, así que cuando encuentre a los buenos (que pagan su alquiler y sus facturas a tiempo, cuidan bien de su propiedad, e informan rápidamente cuando hay problemas), *¡aprécielos!* Algunos inquilinos causan drama con cada pequeño problema de su propiedad, exigiendo reembolsos de alquiler, mientras que un buen inquilino llama y explica el problema de una manera civilizada.

Asegúrese de que la propiedad esté en buenas condiciones antes de alquilarla. Esto le evitará el dolor de cabeza y las quejas de los inquilinos. Cualquier propietario experimentado puede decirle que el secreto para obtener beneficios es conseguir buenos inquilinos. Usted querrá entrar en el sector inmobiliario con la gente adecuada, ya que unos inquilinos horribles pueden hacerle pensar dos veces sobre el emprendimiento; puede encontrarse replanteándose todo el plan y renunciar a todo solo para escapar del estrés de los malos inquilinos. Tener buenos inquilinos es ventajoso porque le ayuda a que su propiedad esté segura, ahorrándose un sinfín de reparaciones y quejas. Además, tener buenos inquilinos reducirá las tareas de gestión para usted y le facilitará la vida. Hay algunos inquilinos que nunca permiten que el propietario descanse, siempre llamando con un problema que necesita atención urgente. Un buen inquilino entiende que usted también necesitas descansar. Entiende que su vida no se limita a satisfacer sus demandas. Además, un buen inquilino es paciente con usted, entendiendo aquellos momentos en los que no puede responder a las demandas inmediatamente. Una persona razonable debe entender y darle tiempo para abordar el tema. En tal caso, un mal inquilino se quejará y amenazará con irse. Si dicho inquilino le ofrece irse, no intente convencerlo de que se quede; déjelo ir, ya que esto le ahorrará el problema de sus demandas poco realistas. Tener buenos inquilinos significa que usted obtiene un buen ingreso cada fin de mes. No ponen excusas para evitar o retrasar el pago del alquiler, y debido a su compromiso, es fácil de entender si a veces se enfrentan a retrasos en el pago. Algunos inquilinos tienen el hábito de retrasar el alquiler todos los meses, siempre teniendo una excusa. Tratar con estas personas puede ser una pesadilla, y si no se deshace de ellos, le arruinarán el negocio. Puede darle a un inquilino la oportunidad de corregir sus errores, pero si no están dispuestos a cambiar, busque un reemplazo. Los inquilinos malos se van sin previo aviso, y el propietario tendrá que encontrar un sustituto antes de que el inquilino se vaya para evitar tener vacantes, ya que esas vacantes representan ingresos perdidos. Un buen inquilino le avisará con suficiente antelación, dándole tiempo para encontrar un nuevo inquilino, así que hágase un favor y revise las solicitudes de los inquilinos antes de aceptarlas. Puede llevar algo de tiempo revisar todas las solicitudes, pero se ahorrará el estrés. Si siente que hay problemas, escuche su instinto.

Contratar a un administrador de propiedades

Si puede permitírselo, contrate a un administrador de propiedades. Algunas personas tienen el dinero para invertir en propiedades de alquiler pero carecen de las habilidades para administrarlas. Un administrador de propiedades asegura que su propiedad obtenga un beneficio y funcione sin problemas, y no tendrá que preocuparse de que las cosas vayan mal si contrata a un administrador; aunque es un coste adicional, le ahorra la molestia de tener que tratar con inquilinos alborotadores. Algunos propietarios piensan que perderán mucho si contratan a un administrador de propiedades. Sin embargo, esto es un gran error porque las posibilidades de fracaso son altas; es muy poco probable que tenga éxito la primera vez que intente algo. Un administrador de propiedades tiene experiencia y es el más indicado para maximizar los beneficios, y la administración de propiedades requiere conocimientos y habilidades. Usted necesita a alguien que busque inquilinos para alquilar su propiedad. Usted podría hacerlo solo, pero no hay garantía de que tenga éxito. Consulte a las empresas de administración de alquileres para saber el camino a seguir porque, a pesar de lo que muchos creen, contratar a un administrador de propiedades le ahorra dinero.

Elegir una buena ubicación

La ubicación es todo en una propiedad de alquiler. Puede tener una propiedad adecuada, pero si la ubicación no es la ideal, los inquilinos no estarán interesados. Si la propiedad de alquiler está en los centros urbanos, debe estar cerca de los centros de la ciudad donde trabaja la mayoría de la gente. El lugar donde invierta es fundamental y determina si obtendrá beneficios o no. Es posible que no pueda invertir donde vive, encontrando una buena propiedad de alquiler en otro estado. Está bien invertir en otro lugar, siempre y cuando la ubicación sea ideal. No se puede enfatizar lo suficiente en la ubicación. Los inquilinos quieren la opción más fácil, y aunque un propietario puede tener una buena propiedad, si está situada demasiado lejos de su área de trabajo, los inquilinos se mostrarán escépticos sobre el alquiler de la misma. Considere quiénes serán los inquilinos; si la propiedad de alquiler es para personas solteras, adáptela para satisfacer sus necesidades. Si la propiedad es para familias numerosas con niños, debe estar cerca de escuelas, hospitales y parques. Asegúrese de que la propiedad tenga las comodidades esenciales para los inquilinos. Tómese el tiempo necesario para analizar y elegir una estrategia de inversión, y absténgase de elegir una propiedad de alquiler *solo porque está disponible.* Usted no sabe por qué la gente no está invirtiendo en ella, pero si se toma el tiempo para estudiar el área, los residentes y los posibles inquilinos, puede elegir las propiedades que harán dinero. Ganar dinero con una propiedad de alquiler es fácil si sigue los pasos correctos y trabaja duro. Considere las necesidades de los inquilinos y esfuércese por satisfacerlas; *todo se trata de los inquilinos.* Cuando tiene una propiedad en un lugar estratégico, puede renovarla para atraer a los clientes.

Usar bien el espacio

Si usted es un principiante, no compre muchas propiedades de alquiler a la vez. Use lo que tiene, escogiendo cuidadosamente y adquiriendo las habilidades necesarias para manejar grandes propiedades de alquiler. Puede empezar alquilando su casa, y no tiene que alquilar toda su casa. Puede empezar por darle a cada inquilino una habitación y crecer a partir de ahí. Haciendo esto, ahorrará dinero, aprenderá el oficio y tomará decisiones de inversión más sabias. Hay numerosos riesgos en el alquiler de una propiedad, de ahí la necesidad de comerciar con precaución. Evite la necesidad de comprar una propiedad de alquiler solo porque todo el mundo lo hace. Establezca objetivos y elabore un plan para alcanzarlos. Empezar de a poco es la forma más segura de subir la escalera, además de que no usará mucho dinero si utiliza bien su espacio. Las personas solteras son las que pueden hacer que esto funcione. En lugar de vivir en una casa de tres o cuatro habitaciones solo, puede alquilar las habitaciones vacías. Ganará dinero y aprenderá lo que se necesita para tener éxito como inversor inmobiliario. No se engañe pensando que puede ganar dinero rápido en este sector; los que tienen éxito son los que toman decisiones inteligentes. Debe ser paciente para crecer. De hecho, el alquiler de habitaciones individuales puede ser más rentable que rentar toda la casa. Algunos inversores empiezan alquilando habitaciones separadas en sus casas para medir su rendimiento. No es que les falte el dinero, sino que quieren desarrollar habilidades. Cuando han adquirido los conocimientos necesarios, se trasladan a grandes propiedades de alquiler. Las posibilidades de fracaso disminuyen cuando se empieza de a poco.

Conocer el valor de la propiedad de alquiler

El primer secreto para ganar dinero con una propiedad de alquiler es conocer su valor de mercado. Investigue el mercado inmobiliario para saber la tarifa que cobran otros propietarios. La falta de conocimiento del valor de la renta puede conducir a pérdidas. Además, una renta alta puede asustar a los inquilinos, así que aprenda lo que funciona. No puede pasar por alto la importancia de la investigación en el sector inmobiliario, ya que le ayudará a tomar las decisiones correctas y a minimizar los riesgos. Establezca un precio justo para mantenerse competitivo en el mercado. Cuando su propiedad de alquiler esté en buenas condiciones y tenga un buen precio, habrá más inquilinos, pero no olvide asegurarse de tener todas las comodidades que necesitan sus inquilinos.

Mejorar su propiedad de alquiler

Remodele la propiedad de alquiler con regularidad. Los inquilinos no pueden vivir en una casa desorganizada, desgastada y sucia. Use parte del dinero pagado por los inquilinos para hacer las reparaciones necesarias en la casa. Considere la posibilidad de pintar las paredes, reparar los agujeros, las puertas de los armarios, los cerrojos de las ventanas y todas las pequeñas cosas. Mejorar su propiedad le permite cobrar más, y al final obtendrá más beneficios. Una de las razones por las que algunos propietarios no reparan las propiedades es el miedo a gastar más, pero de lo que no se dan cuenta es que los inquilinos valoran los esfuerzos para mantener sus casas; nadie quiere vivir en un lugar desordenado. Incluso el propietario quiere vivir en una casa hermosa. Los propietarios deben ponerse en el lugar de los inquilinos y mantener las propiedades de alquiler de tal manera que ellos mismos vivan en la casa en su estado actual.

Mantenerse al tanto de los gastos de alquiler

La mayoría de los inversores cometen el error de gastar mucho en mejoras de alquiler y reparaciones, sin considerar el resultado final. Aunque es bueno hacer reparaciones, no debería llevarse todas las ganancias. No subestime los gastos de operación porque pueden llevarle a la bancarrota. El mantenimiento y las reparaciones pueden ser difíciles de seguir, pero deben hacerse. Un buen consejo es siempre asegurarse de que los gastos de operación estén por debajo de los ingresos brutos mensuales. Ahorre dinero reduciendo los gastos innecesarios. Si quiere decorar o añadir nuevas características a su propiedad, espere hasta que tenga el dinero. Servicios como la eliminación de basura y la jardinería son costosos y pueden consumir rápidamente las ganancias. Deje algunos de los servicios o páselos a los inquilinos; a los inquilinos no les importará pagar extra si los servicios son cruciales. Proporcione los servicios obligatorios y deje el resto a sus inquilinos. Necesita saber dónde trazar la línea. Algunos propietarios tienen dificultades para decir "no" a los inquilinos que solicitan determinados servicios (mantenimiento del jardín, por ejemplo) solo para descubrir que el servicio se come (o incluso supera) los beneficios. En lugar de decir que sí a todo, pida tiempo para pensarlo; si las solicitudes son costosas, pida a los inquilinos que contribuyan. La forma más fácil de conseguir la cooperación de los inquilinos es explicarles la importancia del servicio. Los inquilinos pueden no saber que necesitan un servicio en particular hasta que usted se lo explique.

Puede hacer algunos trabajos de reparación y mantenimiento usted mismo para reducir los costos. Algunos trabajos realizados por contratistas profesionales no son difíciles, solo necesita tener el equipo adecuado, y está listo para empezar. Además, si puede conseguir inquilinos por sí mismo, no hay necesidad de contratar a un administrador de propiedades de alquiler. Sepa las cosas que puede hacer para reducir los gastos. Hacer parte del trabajo le permite participar activamente en la administración de la propiedad de alquiler, y puede administrar la propiedad si tiene tiempo. Lo que hace que muchos deleguen sus tareas es la falta de habilidades. Consulte a alguien con experiencia y aprenda de ellos, ya que la administración de una propiedad en alquiler no es difícil si está dispuesto a aprender.

Ofrecer otros servicios

Si otros solo alquilan propiedades, usted puede expandir su negocio llevando las cosas un paso más allá. Los clientes se sienten atraídos por las empresas que hacen un esfuerzo adicional y ofrecen servicios adicionales que no solo atraen a los clientes sino que también aumentan los ingresos. Puede ofrecer servicios como membresías de gimnasio, estacionamientos y servicios de Internet. El precio debe ser razonable para que muchos inquilinos puedan unirse. Muchas propiedades de alquiler ofrecen servicios adicionales para complementar los ingresos mensuales. Ganar dinero como principiante puede ser difícil debido a las habitaciones vacías. Los servicios adicionales le ayudarán durante las temporadas bajas. Además, puede utilizar el dinero de los servicios prestados para la reparación y el mantenimiento.

Capítulo 4: Ejemplos de ingresos pasivos

Hay varios ejemplos de ingresos pasivos que puede obtener. No está limitado a estos ejemplos. Antes de comprometerse con un ingreso pasivo, determine si es la adecuada para usted entendiendo dónde están sus intereses. No inicie un ingreso pasivo por lo que puede ganar con él; el dinero no siempre estará ahí, y es posible que tenga que esperar más tiempo para ver los beneficios. Si lo hiciera por las razones equivocadas, se daría por vencido en el camino. Sin embargo, si estuviera realmente interesado en el emprendimiento, perseveraría a través de los desafíos. Estos son solo ejemplos para ayudarle a elegir el ingreso pasivo correcto.

Iniciar un canal de YouTube

La tecnología ha cambiado la forma en que las personas interactúan. Atrás quedaron los días en que los anuncios se limitaban a las pantallas de televisión; ya no hay que ver la televisión para ver programas de televisión.

YouTube es una plataforma de medios sociales para que los creadores de contenido interactúen con sus seguidores. Los creadores de contenido ganan dinero con la plataforma comercializando productos y anuncios dentro del video, o incluso fuera del área de visualización del video en la pantalla del usuario.

Empezar un canal de YouTube es fácil, y puede crear un canal de YouTube si tiene un smartphone. Aunque empezar un canal es fácil, mantenerlo requiere un esfuerzo. Necesita conectarse con sus seguidores y concentrarse en lo que le gusta. Los seguidores necesitan identificarse con usted para que se suscriban a su canal. Cuantos más seguidores tenga, mayores serán los ingresos, pero hacer crecer su canal puede llevar algo de tiempo. Necesitará otra fuente de ingresos a medida que crezca su canal. Una vez que tenga un número decente de seguidores y empiece a recibir pagos de YouTube, podrá convertirlo en su principal fuente de ingresos. No es un lecho de rosas; usted se está desnudando ante el mundo entero. Su vida se hace pública y puede atraer críticas, odio y celos. Algunas personas han terminado cerrando sus canales debido al odio. Algunos seguidores envían textos que amenazan la vida a los creadores de contenidos. Puede ser abrumador y puede salirse de control rápidamente, así que necesitará tener el coraje para sobrevivir en la plataforma de medios sociales. La gente que ha experimentado el éxito en la plataforma lo atribuye al trabajo duro, la diligencia, e ignorar a los detractores. No siempre es fácil ignorar las críticas duras, así que si quiere abrir un canal en YouTube, tenga en cuenta los inconvenientes. El lado bueno de esta plataforma es que le permite explorar su lado creativo, además, por supuesto, puede ganar un buen dinero. Muchos creadores de contenido han iniciado sus empresas y las promueven a través de la plataforma. Requiere dedicación y autodisciplina. Si usted es estudiante, planifique su horario con antelación, es decir, puede subir uno o dos vídeos por semana, dependiendo de su disponibilidad. La consistencia es clave si quiere hacerlo en YouTube. Los fans apreciarán su consistencia al subir videos cada semana, y subirlos regularmente es la mejor manera de hacer crecer a sus seguidores, ¡Y también aumenta sus posibilidades de conseguir socios!

Las empresas han cambiado la forma de anunciar los productos. Los clientes ya no se mueven por los anuncios en la televisión, sino que los testimonios son más atractivos para ellos. Las empresas colaboran con los creadores de contenido para comercializar sus productos a cambio de una tarifa. Como creador de contenido, es necesario tener un gran número de seguidores para atraer a las empresas, por lo que crear un canal de YouTube es una buena fuente de ingresos.

Otra forma de atraer a los fans es ser único. La gente habla de todo tipo de cosas en la plataforma, pero usted debe ser auténtico, y los fans se identificarán con usted. La verdad es que no todo el mundo puede tener éxito en YouTube. Inténtelo si tiene interés en ello. También puede colaborar con otros YouTubers para llegar a más gente. Si su amigo tiene muchos seguidores en la plataforma, puede asociarse y hacer episodios para ambos canales. YouTube necesita creatividad, así que no suba vídeos solo por el hecho de subir algo. Antes de hacer un vídeo, procure conectarse con sus seguidores.

YouTube es una buena fuente de ingresos porque se puede hacer en cualquier momento, y se puede hacer en cualquier lugar donde se tenga un ordenador portátil o una computadora, un teléfono inteligente y una conexión a Internet. Puede optar por filmar muchos videos durante algunos meses si tiene una semana ocupada por delante. Planifique su calendario y priorice las cosas más importantes, y no se olvide de editar los videos adecuadamente para atraer a los espectadores.

Invertir en bienes raíces

Puede invertir en bienes raíces si tiene el dinero. Si tiene una oficina que le ha quedado pequeña, puede alquilarla o venderla. No tiene sentido dejar una casa vacía si puede alquilarla a alguien, o puede decidir venderla y obtener un beneficio instantáneo. Otros optan por alquilar porque pueden necesitarla en el futuro. Cualquiera que sea la opción que escoja, haga uso de las propiedades vacantes. Además, puede comprar una propiedad y alquilarla; considere la posibilidad de comprar casas más antiguas, renovarlas y venderlas (también llamado "flipping"). Si no tiene suficiente dinero para comprar una propiedad, puede asociarse con alguien, sin embargo, tenga cuidado con quién elige trabajar. Un mal compañero puede engañarlo, quitándole todas sus ganancias. Por lo tanto, es mejor esperar —si puede— hasta que tenga todo el dinero para unirse al sector inmobiliario. Sin embargo, si encuentra una buena propiedad y teme perderla, puede trabajar con un amigo. Alternativamente, puede pedir un préstamo al banco.

Invertir en bienes raíces es lucrativo, y ganará mucho con su incorporación al sector. Es importante tener en cuenta que los beneficios pueden no llegar inmediatamente. Algunas personas han tenido que esperar mucho tiempo antes de obtener beneficios. Por lo tanto, prepárese mentalmente para esperar a ver los beneficios. Además, tenga en cuenta que el sector inmobiliario puede estar algo inundado con demasiadas casas y no suficientes inquilinos; es posible que tenga que ser único y ofrecer tarifas asequibles. Sea accesible y escuche; al comprar o construir una propiedad, preste atención a las tendencias del mercado. Construir sin tener en cuenta las expectativas de los clientes es contrario a la intuición. Lo que los clientes piensen es más importante que construir un apartamento de lujo, y cuando un edificio satisface las demandas de los inquilinos, obtener beneficios es una garantía. Busque el consejo de los expertos antes de profundizar en la industria inmobiliaria.

Agricultura orgánica

La agricultura no es fácil, pero puede dar buenos rendimientos. La gente se está alejando lentamente de los productos alimenticios producidos químicamente a los orgánicos. El número de agricultores orgánicos es bajo en comparación con las demandas del mercado. La agricultura orgánica es sostenible siempre y cuando se cuente con las personas adecuadas, además de que se pueda hacer en la propia granja en casa o se pueda contratar una granja externa. Mucha gente opta por comprar granjas, pero cualquiera que sea la opción que prefiera, la agricultura orgánica está tomando el mundo por asalto.

Muchas personas están enfermas debido a las malas elecciones de estilo de vida (y de alimentos). Los médicos aconsejan a los pacientes que se alejen de ciertos alimentos para mantenerse sanos. El desafío para la mayoría de las personas es la falta de dinero para mantener un estilo de vida saludable. La gente tiene la idea de que comer sano es caro, pero eso es discutible. En lugar de comprar papas fritas y hamburguesas todos los días, uno podría usar el dinero para comprar suficientes vegetales para una semana. Por lo tanto, la comida limpia y fresca es asequible.

Como agricultor orgánico, usted debe producir productos de calidad para atraer a los clientes. Puede bajar el precio ligeramente en comparación con los precios del mercado. La venta de productos de calidad a buen precio aumentará los beneficios. Además, puede comprar otra granja usando los beneficios. Puede empezar con poco y aumentar cuando la demanda de productos aumente. Puede contratar gente para que le ayude si tiene una granja grande. La clave es evitar los productos químicos y usar solo ingredientes orgánicos.

La agricultura orgánica es una buena fuente de ingresos. Al principio puede gastar mucho dinero para comprar semillas y contratar ayuda, pero los beneficios superan los gastos. Un consejo para ganar dinero con la agricultura orgánica es controlar los gastos, llevar la cuenta de la cantidad utilizada para pagar a los trabajadores, comprar equipos y cosechar. Asegurarse de que los gastos generales no superen los ingresos brutos. Desarrolle una buena relación con los clientes, y si usted es el tipo de persona que encuentra difícil interactuar con los clientes, considere la posibilidad de contratar a un experto. Los clientes pueden necesitar productos de calidad, pero a menudo valoran *más el servicio.* Si usted es grosero y no tiene en cuenta las necesidades de los clientes, estos se irán. Esto suena obvio, pero algunas personas no son aptas para las relaciones con los clientes, ¡y alejan su propia fuente de ingresos! La solución al problema es pedir ayuda si le resulta difícil interactuar con los clientes y aprender lo que los clientes de su zona aman y quieren. No puede cultivar yuca cuando la gente de la zona la detesta. Cultive los alimentos que la gente ama y compra a menudo, y si no está seguro de qué artículos cultivar, pregunte a los residentes qué les gusta antes de empezar a cultivar. La agricultura orgánica es un emprendimiento sostenible y le hará ganar buen dinero, ya que estará transformando vidas y creando riqueza. La agricultura orgánica implica mucho trabajo, pero los beneficios valen la pena.

Prestar dinero

Prestar dinero es una nueva forma de hacer dinero, ya que a algunas personas no les gusta pedir dinero prestado a los bancos debido a los altos intereses y buscan fuentes de préstamo alternativas. Aquí es donde entran los prestamistas de dinero; usted puede prestar dinero a un tipo de interés bajo para atraer clientes. Tenga en cuenta que mucha gente ha comenzado este negocio, así que asegúrese de hacer el suyo único y atractivo. Si otros prestan hasta un cierto nivel, usted puede superarlo. Si otros tienen reglas estrictas que impiden a muchos pedir prestado, puede tener opciones más amigables para ellos.

Sin embargo, el préstamo de dinero viene con muchos desafíos a tener en cuenta. Algunas personas piden prestado, pero nunca devuelven, por lo que hay que tener un plan legal para seguirlos, ya que muchos se mudan una vez que reciben el dinero. Los prestamistas generalmente requieren que los prestatarios vengan con garantes que pagarán la deuda si no cumplen con el pago. El garante actúa como garantía. Sin embargo, algunas personas son inteligentes y traen a personas que no pueden ser rastreadas, con el objetivo de conseguir el dinero y desaparecer. Es por eso que las agencias de préstamo de dinero tienen reglas estrictas. No es que no quieran prestar a mucha gente, sino que temen prestar dinero a la *gente equivocada*. Si usted decide aventurarse en esta línea de negocios, proponga estrategias sobre cómo abordar estos desafíos. No sea demasiado indulgente porque perderá todo el dinero; ni tampoco sea súper estricto porque asustará a los clientes. Para evitar pérdidas, preste dinero a personas que conoce y en las que confía. Puede empezar prestando a amigos cercanos y familiares, estableciendo tasas de interés amigables. Prestar a familiares y amigos puede ser difícil porque algunos nunca devolverán el dinero, lo que causará profundas desavenencias. Alguien dijo una vez que prestar a la familia es como dar algo y no esperar su devolución nunca. Los miembros de la familia pueden hacer caer su negocio al no pagar lo que deben. Otros se negarán a pagar los intereses, alegando que no se les puede cobrar. Si usted tiene a esas personas en su familia, no les preste. En su lugar, busque amigos de confianza. Cuando el negocio haya crecido, sus amigos pueden recomendarles a sus amigos.

Prestar dinero es complicado porque no garantiza beneficio, ya que los impagos son comunes, y muchos prestamistas se han dado por vencidos en el camino por lo estresante que es. Si se siente abrumado por tener que seguir a sus prestatarios, trate de aventurarse en otro negocio. Muchas personas han tenido éxito con el préstamo de dinero. No deje que el miedo le impida alcanzar el éxito. Confíe en su intuición cuando alguien le pida un préstamo. Después de hacer una verificación de antecedentes de alguien, averigüe por qué necesita el dinero. Algunas personas piden prestado dinero que pueden obtener fácilmente de sus familiares o amigos. Solo preste dinero cuando alguien da razones válidas y cuando está seguro de que lo va a recuperar.

Lavado de coches

Una de las formas más rápidas de ganar dinero es iniciar un lavado de autos. Casi todo el mundo tiene un coche hoy en día, y todos necesitan un lavado regularmente, por lo que es difícil equivocarse en este negocio. Un lavado de coches es fácil de iniciar y mantener y, como beneficio añadido, no tiene que estar ahí para ganar dinero, puede contratar a alguien para hacer todo el trabajo. Todo lo que necesita hacer es conseguir el equipo, la ubicación y los trabajadores adecuados. Encontrar un lugar ideal es fácil porque los coches pasan por las calles todo el tiempo, en todas partes. Como hay numerosos negocios de lavado de autos, tendrá que atraer a los clientes ofreciendo servicios adicionales como limpieza de alfombras, Wi-Fi, o servicios de limpieza de la casa. Esta es una buena manera de complementar sus ingresos cuando el negocio de lavado de autos está en baja. Contrate a personas que sepan cómo relacionarse con los clientes. Algunos empleados no saben cómo tratar a los clientes, no limpian los coches a fondo y cobran de más a los clientes. La mejor manera de asegurar que los clientes reciban un servicio impecable cuando usted no está, es poner a alguien a cargo de los empleados. Contrata a alguien que sea confiable y digno de confianza. Su trabajo consistirá en controlar a los empleados y cobrar el dinero. Si usted es principiante, haga el trabajo usted mismo. De esta manera, aprenderá más sobre el negocio, y sabrá la cantidad de dinero que el negocio genera en un día.

Una de las razones por las que los negocios de lavado de autos colapsan es porque los dueños nunca se tomaron el tiempo de estudiar el negocio. Usted puede dedicar una semana a aprender el negocio si tiene otros compromisos. Es tentador poner a alguien a cargo y concentrarse en otras cosas, pero puede perder mucho en el proceso. No hay garantía de que la persona que contrate para controlar a los empleados entregue todo el dinero. Otras personas han puesto cámaras de vigilancia en el lavadero de autos para monitorear los movimientos de los empleados. Sin embargo, es difícil poner cámaras en algunas áreas. Si tiene un lugar adecuado para poner cámaras de vigilancia, adelante.

Un negocio de lavado de autos necesita compromiso, y usted debe ofrecer servicios de calidad para retener a los clientes. Si su negocio solo ofrece un trabajo de mala calidad, sus clientes se trasladarán rápidamente a otro lugar, así que invierta en equipos de calidad, y no se sentirá decepcionado. A veces los empleados no tienen la culpa de los servicios deficientes; si no compra equipos de calidad, los servicios siempre serán deficientes. Otra forma de mejorar los servicios es mantener buenas relaciones con los empleados hablando amablemente con ellos, pagándoles bien. Las quejas serán cosa del pasado si se cuida a los empleados. Aumenta sus salarios cuando los beneficios aumentan. La mejor manera de hacer crecer el negocio es respetar a las personas que aportan el dinero. Si usted está en posición de hacer todo solo, hágalo y quédese con todas las ganancias. Si no está en esa posición, entonces contrate buenos empleados y trátelos bien. Hacer del lavado de coches su ingreso pasivo significa que puede ganar dinero mientras duerme.

Alquilar su coche

Usted puede alquilar su coche cuando no lo use. Hay mucha gente que no tiene coche y quiere viajar largas distancias. Hay compañías de préstamo de coches que ofrecen servicios a estas personas y puede ponerse en contacto con estas compañías y alquilar su coche. Puede ganar más dinero si tiene más de un coche, y algunas personas compran coches a propósito para alquilarlos. Cuando la gente viaja a otros países, necesita coches para desplazarse. El alquiler de coches se ha hecho popular a lo largo de los años, ¡así que no se quede fuera de esta nueva línea de negocio!

Una vez que su cliente termine de usar el coche, usted tendrá que recogerlo. Uno de los riesgos de este negocio es que a veces su coche puede retornar en malas condiciones, ya que otros no siempre saben cómo cuidar de la propiedad de otras personas —o preocuparse. Puede pedir una compensación si ve algún daño. Sin embargo, a veces el daño está oculto, solo se descubre después de que el arrendatario se ha ido. Por eso es mejor trabajar con una empresa de alquiler de coches que venga a buscar su coche, inspeccione que esté en buenas condiciones y vuelva a comprobarlo cuando lo devuelva. Usted recibirá una pequeña cuota, pero su coche estará en buenas condiciones cuando sea devuelto. Puede tener un buen ingreso pasivo dependiendo de las condiciones de su auto, y puede ganar un dinero decente si está en lugares específicos. Por ejemplo, la gente alquila coches regularmente en los centros urbanos en comparación con las zonas rurales. Por lo tanto, el negocio de alquiler de coches gana más dinero en algunas áreas que en otras.

Servicios de limpieza

Puedes obtener un ingreso pasivo decente ofreciendo servicios de limpieza. No todo el mundo tiene una lavadora, algunas personas están ocupadas con el trabajo y no tienen tiempo para limpiar o cuidar sus casas. Puede contratar a dos o tres personas para que le ayuden a buscar clientes. Si tiene dinero, puede abrir una agencia de limpieza y anunciar su negocio, y aunque el negocio será lento al principio, las cosas mejorarán con el tiempo. Ofrezca servicios de calidad para mantener a los clientes. Mucha gente es escéptica acerca de la búsqueda de servicios de limpieza porque temen que no se ajuste a sus estándares. Si no está seguro de algo, pregunte al cliente; no asuma que lo sabe todo. Preguntar y estar seguro de las expectativas de sus clientes puede ahorrarle tiempo y energía. Averigüe lo que quieren los clientes y supere *sus expectativas.* Mucha gente ofrece servicios de limpieza, pero hay una oportunidad para usted en el mercado si adapta sus servicios a las expectativas de los clientes. Cuando se le dé la oportunidad de limpiar, tenga en cuenta que se trata de un cliente, y los clientes hablan. Recuerda que un cliente satisfecho siempre le recomendará a un amigo. La mejor manera de mejorar su negocio es satisfacer las necesidades de los clientes.

Ponga su casa en las listas de Airbnb

Usted puedes ganar un buen dinero simplemente poniendo su casa en Airbnb, y si es dueño de una casa o apartamento que raramente usa, ya es hora de que empiece a ganar dinero con ella. Airbnb es una compañía que alquila casas a personas de todo el mundo. Mantenga su casa en buenas condiciones para aumentar las posibilidades de que su casa sea elegida, porque Airbnb tiene una lista de casas en sus sitios web (con fotos) y los clientes eligen las que les gustan. Sin embargo, listar su casa en la plataforma viene con desafíos que debe tener en cuenta. Algunas personas se han quejado en el pasado de que no se les paga después de alquilar sus casas, y algunos clientes dañan las cosas de la casa. Aunque puede obtener un buen dinero por listar su casa en Airbnb, tenga en cuenta los riesgos. Aborde los riesgos alquilando su casa solo a personas de confianza, haciendo una verificación de antecedentes de los posibles clientes antes de entregar las llaves. Además, no deje que extraños se queden en su casa por mucho tiempo. Quedarse más de un mes no es lo ideal porque pueden dejar su casa desordenada. Si se siente incómodo con las demandas del cliente, hable. Con todo eso en mente, la gente se está haciendo rica de la noche a la mañana listando sus casas en Airbnb.

Capítulo 5: Ideas de negocios en línea y cómo sacar provecho de ellas

Hay innumerables ideas de negocios en línea que usted puede probar. Gracias a la tecnología, no tiene que ir a la oficina para ganar dinero. Al contrario, mucha gente está creando riqueza en la comodidad de sus dormitorios, estudios y cocinas. Los negocios en línea son versátiles y flexibles, dándole control sobre su tiempo. La clave para crear riqueza a partir de un negocio en línea es elegir el negocio correcto, y muchas personas cometen el error de iniciar un negocio en línea porque otros lo están haciendo. Ven el éxito de otras personas y asumen que es lo correcto para ellos. Este es el enfoque equivocado y puede llevar a la frustración, así que antes de embarcarse en la creación de un negocio en línea, realice una investigación para determinar si es el correcto. Ante todo, haga algo que le guste. Si bien los negocios en línea son bastante fáciles, puede pasar un tiempo antes de que obtenga algún beneficio, por lo que la paciencia es clave cuando se tiene un negocio de este tipo. Además, prepárese para los comentarios desagradables de los críticos. A pesar de los desafíos, puede hacer una fortuna al iniciar un negocio en línea. A continuación se presentan algunas ideas de negocios en línea que podría considerar.

Iniciar un blog

¡Comenzar un blog es ahora más fácil que nunca! Empezar un blog y monetizarlo requiere un compromiso, ya que no solo publica contenido una vez al mes y espera ganar dinero con ello. Debe publicar buen contenido regularmente para atraer a un gran número de seguidores. Una vez que tenga un gran número de seguidores, puede acercarse a empresas minoristas con una buena oferta. Como se mencionó anteriormente, las marcas se están alejando del estilo tradicional de publicidad, ya que los clientes ya no dependen de los anuncios que ven en la televisión. En cambio, se sienten más atraídos por los testimonios, lo que significa que las marcas están colaborando con los bloggers para comercializar sus productos. Conseguir que las empresas trabajen con ellos no es tan fácil como la mayoría de la gente piensa, y pueden pasar años antes de que uno reciba un saludo de una marca. Como blogger, usted tiene que convencer a la marca de que usted tiene influencia con sus muchos seguidores, garantizando el retorno de su inversión. Las marcas tienen una forma de medir su influencia sobre sus seguidores. A sus seguidores se les puede dar un código para que lo usen para comprar productos en la empresa. Usan el código para determinar el número de personas en las que has influido para que compren en la marca. Ganar dinero con los blogs no es fácil; solo verá resultados si tiene una fuerte relación con sus seguidores, y puede hacerlo estableciendo esa fuerte conexión respondiendo a sus preguntas y considerando sus ideas. Algunos bloggers tienen regalos para mostrar su aprecio a sus seguidores. Interactuar con sus seguidores le ayuda a saber el tipo de contenido que hay que crear, y algunos bloggers pierden seguidores debido a la falta de interacción (¡puede contratar a alguien que responda a las preguntas para aumentar el número de seguidores!). Otra razón por la que a los bloggers les cuesta ganar dinero es por las bajas cotizaciones de las empresas. Usted debes conocer su valor como bloguero, y no subestimarse, fijando el precio y ateniéndose a él. Está bien negociar, pero no vaya por la primera oferta.

Los blogs son una fuente ideal de ingresos pasivos. La creatividad le hará ganar un buen dinero con los blogs, pero muchos blogueros cometen el error de copiar lo que otros hacen. En lugar de seguir a la mayoría, sea creativo. Encuentre temas intrigantes pero únicos para discutir y anime a sus seguidores a comentar y compartir su contenido. Es posible que pase un tiempo antes de que gane dinero con los blogs y, aunque al principio no gane mucho dinero, los blogs son buenos para cualquiera que esté pensando en iniciar un negocio en línea. Como beneficio adicional, es una buena manera de mejorar su lenguaje, porque escribir y leer libros es el truco más antiguo para mejorar la gramática. Matará dos pájaros de un tiro: ganará dinero y pulirá su vocabulario.

Marketing de afiliados

Usted puede promocionar los productos de alguien y ganar una comisión en el proceso; esto se llama "marketing de afiliados". La gente hace marketing de afiliación promocionando productos como sitios web, libros electrónicos y productos, y el número de personas que publican contenido ha aumentado drásticamente. Los participantes necesitan personas que comercialicen su contenido para aumentar el número de seguidores. Se puede ganar mucho dinero haciendo marketing de afiliación, pero para conseguir clientes, usted necesita anunciar sus servicios, convenciendo a los clientes de que hará un buen trabajo. Mucha gente compra en línea, y las empresas compiten por los clientes, así que debe recordar que, como un trabajo normal, debe hacer todo lo posible para complacer al cliente. Hacer un esfuerzo extra no solo le hará ganar más clientes, sino que también desarrollará su reputación.

Antes de lanzar una campaña de marketing, tómese el tiempo para entender lo que el cliente quiere. Aunque usted puede hacer sugerencias sobre cómo transmitir el mensaje, el cliente toma la decisión final. Manténgase al tanto de su juego consultando a otros vendedores de afiliados, aprendiendo qué los hace únicos y cómo mejorar su juego. El marketing de afiliados está en constante cambio y requiere de alguien que esté dispuesto a aprender, ya que las nuevas tecnologías salen cada día y necesitan de alguien que esté alerta y dispuesto a aprender y aplicar dicha información.

Un cliente feliz significa más ingresos. Si usted es principiante, tómese su tiempo para aprender cómo se hace el marketing de afiliación; apurarse para empezar le llevará a cometer errores tontos, así que vea los tutoriales en línea o consulte a un experto. No todo el mundo está dispuesto a compartir sus secretos para el éxito, pero si sigue buscando, encontrará a alguien dispuesto a ayudarle. El marketing de afiliados es una fuente de ingresos creíble y muchas personas están proveyendo para sus familias usando el marketing de afiliados.

Publicar libros electrónicos

Es cierto que la tecnología lo ha cambiado todo. Atrás quedaron los días en que la gente tenía que comprar libros. Hoy en día los libros se publican en línea para los lectores, haciendo más fácil y conveniente para el escritor que ya no tiene que encontrar editoriales para publicar y vender sus libros. Todo lo que necesitan es publicar libros en línea, y los lectores los encontrarán. Además, los libros electrónicos son fáciles de escribir (especialmente los de no ficción) porque toda la información ya está en Internet; el autor solo tiene que encontrarla y recopilarla.

La creatividad es vital cuando se escriben libros electrónicos. No implica copiar información de una determinada fuente y pegarla. Hay herramientas que se usan para comprobar el plagio, así que debes ser cauteloso. Sea único, ingenioso y divertido. Puede ganarse la vida publicando libros electrónicos. Cuantos más libros escriba, más dinero ganará; incluso puede contratar a escritores para que le ayuden y aumenten las ganancias. Puede comercializar sus libros en Amazon o colaborar con comercializadores afiliados.

Venda su marca

Si tiene dificultades para encontrar a la persona adecuada para comercializar sus productos, hágalo usted mismo. Puede usar muchos consejos y trucos en línea para pulirse y comercializarse bien. Vender su producto es ventajoso porque le permite concentrarse en lo que quiere. Delegar el deber en otra persona puede no hacer justicia a su marca porque no la entienden como usted. Alguien más podría hacer las cosas apresuradamente para poder concentrarse en otras marcas. Por lo tanto, vender su propia marca es la mejor manera de asegurar que se proporcione la información correcta al consumidor, además de que la auto-venta lo mantiene en contacto con la marca. Algunos propietarios de marcas no saben lo que sus marcas representan porque delegan tanto trabajo que pierden el contacto con lo que poseen. Perder el contacto con la marca significa perder el contacto con los clientes; no se puede hablar con autoridad sobre los productos. Por otra parte, vender su marca le ahorra dinero, permitiéndole formar una conexión con los clientes a través de la interacción.

Crear una aplicación

Hay tantas aplicaciones para teléfonos inteligentes, tabletas y PC en el mercado actual, que es difícil mantenerse al día, ya que parece que cada día se crea una nueva aplicación para resolver un problema. Hay aplicaciones para ayudar a la gente a vigilar su peso, rastrear el consumo de agua, medir la distancia, ver las estrellas... y la lista continúa. Aun así, las empresas se acercan a los creadores de aplicaciones para hacer aplicaciones únicas y atractivas, y como el creador es básicamente el único coste en la creación de aplicaciones, la publicidad es el único otro coste. Además, aprender a crear aplicaciones es fácil gracias a los tutoriales online, y muchos jóvenes viven de las aplicaciones. Como el mercado es competitivo, tiene que convencer a los clientes para que le den trabajo, mostrándoles que puede hacer un buen trabajo. La mejor manera de convencer a los clientes de sus capacidades es mostrarles lo que usted ha creado antes. Si usted es principiante, aprenda de otros desarrolladores porque no basta con ver los tutoriales. Puede inscribirse en una clase o consultar a un experto. La tecnología cambia todos los días, y como desarrollador, debe avanzar con ella.

El desarrollo de aplicaciones es una buena fuente de ingresos pasivos; sin embargo, implica mucho trabajo y requiere compromiso. Los teléfonos inteligentes están en todas partes, el mercado es lucrativo, y conseguir un comprador interesado está casi garantizado si nunca asume que lo sabe todo, observando las tendencias del mercado y escuchando a los clientes. Ofrézcase a asesorar como un experto, pero deje la decisión final al cliente; de lo contrario, puede ofender a su cliente (¡a quien no le interesa que le metan sus ideas por la garganta!). Las aplicaciones que funcionan bien en el mercado generan miles de ingresos para los creadores. Usted gana dinero con los anuncios, lo que hace de ellos una gran fuente de ingresos para complementar sus otras ganancias.

Servicios de consultoría

Convertirse en un consultor de redes sociales es una buena estrategia para hacer dinero en línea. Las empresas buscan servicios de consultores de redes sociales sobre cómo promover sus productos en línea. Para convertirse en un consultor en línea, familiarícese con las diferentes plataformas de redes sociales. Aprenda cómo se pueden utilizar para comercializar negocios y productos, y una vez que tenga el conocimiento, acérquese a las marcas, haciendo ofertas que no puedan rechazar (ayuda si tiene un gran número de seguidores). También tiene que demostrarles que usted es un profesional, porque las empresas deben estar seguras de que usted cumplirá. Hay toneladas de servicios de consultoría en línea; tómese su tiempo para aprender cómo su competencia hace el trabajo y se ocupa de sus negocios.

El secreto para conseguir clientes es centrarse en mejorar su imagen. Las marcas buscan estos servicios porque están atascadas o quieren una opinión experta. Cuando usted se aventura en este campo, tiene que ver las cosas con un ojo crítico, pero sin miedo a expresar sus ideas. Puede que a los clientes no les guste que usted no acepte sus puntos de vista, pero apreciarán su honestidad. Para ofrecer un servicio impecable, hay que hacer una investigación de mercado, aprendiendo las tendencias y lo que esperan los clientes. Ofrecer servicios de consultoría es la forma más segura de aumentar sus ingresos.

Consultores de negocios

Si usted ha estado en una industria por mucho tiempo, puede compartir sus conocimientos por una tarifa. Hay muchos propietarios de pequeñas empresas que buscan conocimientos, y todos ellos buscan en línea la información necesaria. Por lo tanto, puede iniciar una página de redes sociales específicamente para servicios de consultoría de negocios. No muchos se han aventurado en este campo, por lo que es una fuente rentable de ingresos pasivos.

Puede organizar reuniones individuales o hacerlas en línea, pero asegúrese de preguntar a cada cliente cómo prefiere reunirse. Los negocios colapsan debido a la falta de conocimiento, pero como experto, puede ayudar a negocios en dificultades a subir de rango. Algunos consultores se han expandido, agregando otros consultores de confianza a su firma, y eventualmente convirtiéndose en grandes empresas de consultoría.

Iniciar una tienda en línea

Todos tenemos un amigo al que le encanta comprar por Internet (¡y puede que seamos ese amigo!) Si alguien le hubiera dicho que usted podía comprar en la comodidad de su sofá o silla de cocina hace dos décadas, no le habría creído. Pero hoy en día, puede comprar una serie de artículos (desde ropa hasta herramientas y muebles) en línea, y se los entregan en la puerta de su casa. Hay muchas tiendas en línea, y todo el mundo quiere aprovechar el mercado. Empezar una tienda online es conveniente porque no usará el dinero para alquilar y decorar una tienda física, a menudo llamada "ladrillo y mortero". Además, usted puede ahorrar dinero manejándola usted mismo, comparado con las tiendas tradicionales donde necesita contratar trabajadores.

Para maximizar los beneficios, contrate a vendedores afiliados para promover su marca. Además, tenga ropa de calidad que atraiga a una amplia gama de clientes. Operar una tienda en línea es más fácil si se utiliza una empresa de reparto para enviar los pedidos de los clientes; asegúrese de trabajar con una empresa de reparto que opere en todo el mundo. Otra ventaja añadida con las tiendas online es que se ganan clientes en todo el mundo porque una vez que se crea una página en cualquier red de redes sociales, todo el mundo puede verla. Esto genera tráfico en su página. Los clientes se frustran cuando no reciben sus pedidos a tiempo.

Fijar precios razonables, ser consciente de los estafadores y esperar a recibir el pago completo de los artículos antes de realizar la entrega son formas de prosperar en su tienda online. Comenzar una tienda en línea es simple, ahorrando tiempo y energía en comparación con las tiendas físicas. Le ahorra la molestia de reparar y mantener la tienda. Las interacciones entre el cliente y el vendedor también crean oportunidades para que el negocio se expanda.

Iniciar un canal de YouTube

Gane buen dinero fácilmente iniciando un canal en YouTube. La gente está en línea para encontrar gente con la que se pueda relacionar, y si un tema le atrae, puede empezar un canal y hablar de él; ¡los demás le encontrarán! Lo bueno de empezar un canal de YouTube es que no gastará dinero para empezar o dirigir el canal. Además, conocerá e interactuará con personas de diferentes orígenes. La mejor manera de construir una conexión con los seguidores es centrarse en impactar *vidas* en lugar de dinero. Aunque no hay nada de malo en querer sacar dinero, no es sostenible. Habrá días en los que no tendrá ganas de crear contenido, y momentos en los que le faltará motivación, pero la fecha límite está cerca. En los momentos difíciles, la pasión es lo que le hace seguir adelante. Si empezara a crear contenido solo por el dinero, no durará. En cambio, concéntrese en compartir un contenido significativo, y el dinero le seguirá. Cuando la gente vea que le apasiona ayudar a los demás, se suscribirá automáticamente a su canal. Además, compartirán sus vídeos, lo que ayudará a que su canal crezca. Manténgase alejado del drama tanto como sea posible. Es fácil quedar atrapado en el glamour y la fama que trae YouTube, pero recuerde que debe mantenerse firme. Manténgase fiel a quien es usted cuando tenga éxito. Hay celebridades de YouTube que cambian una vez que se vuelven famosos y con éxito.

Publicidad

Usted puedes anunciar productos, sitios web y personas en línea. También puede anunciar películas en su página de redes sociales. Para influenciar a mucha gente, necesita tener muchos seguidores. Además, también necesita ser un líder de opinión. Aunque muchas marcas optan por trabajar con celebridades para anunciar sus productos, no todo el mundo es una celebridad, y el mundo lo entiende. Sin embargo, usted necesita convencer a la marca con la que desea trabajar de que puede hacer un trabajo perfecto, y que puede anunciar las marcas en Facebook, Twitter o Instagram.

Una de las grandes cosas de la publicidad es que puede hacerlo en cualquier momento. Siempre y cuando cumpla las expectativas del cliente, usted es libre de centrarse en otras cosas. Además, puede pedirle ayuda a alguien, y obtener mejores resultados cuando tiene varias personas anunciando el mismo producto. Cuando las empresas crean anuncios, los envían a numerosos medios de comunicación con el fin de tener un amplio alcance para aumentar las posibilidades de éxito. De manera similar, reclute gente para que le ayude a publicitar marcas.

No olvide firmar un acuerdo con el cliente antes de empezar el trabajo.

Horneado en línea

Lo bueno de Internet es que la pasión puede convertirse fácilmente en una fuente de ingresos. Si usted es un apasionado de la repostería, pero le faltan recursos y ubicación para empezar, Internet es la solución, ya que hay miles de personas que ofrecen una amplia gama de servicios en línea, ¡y usted puede convertirse en uno de ellos! Además, ¡algunos de ellos obtienen más beneficios que los que tienen tiendas físicas! La gente ha trasladado sus servicios en línea en un intento de hacer frente a los tiempos de cambio porque, en el mundo actual, tener una tienda no es suficiente para atraer y retener a los clientes. La mejor combinación es tener una tienda física ADEMÁS de promover sus servicios en línea, y de esta manera, más gente se entera de sus servicios. Comience una clase de repostería en línea y gane dinero con ella explicando a los espectadores su especialidad, y por qué deberían considerar unirse a su clase y no a la de otros. Hay muchos reposteros en línea, y todos ellos están luchando por conseguir clientes, así que usted debe ser único para conseguir clientes. Puede reclutar gente para que le ayude cuando el número de seguidores aumente. Muchos reposteros han hecho crecer sus negocios más allá de las expectativas.

Conviértase en un profesor de lengua extranjera

Mucha gente en todo el mundo está interesada en aprender idiomas extranjeros. Algunos lo hacen con fines educativos, otros lo hacen por diversión, y otros lo hacen por razones de trabajo. Ser profesor de idiomas extranjeros tiene muchas ventajas. Usted puede interactuar con personas de diferentes orígenes, compartiendo los conocimientos que ya tiene, lo que lo convierte en la cosa más fácil del mundo. No hay investigaciones ni recursos para empezar a enseñar; todo lo que tiene que hacer es iniciar una página de redes sociales y anunciar sus servicios.

Todos sabemos que la forma más efectiva de aprender un nuevo idioma es interactuar con hablantes nativos. Por lo tanto, como hablante nativo, usted tiene una ventaja adicional sobre alguien que aprendió un segundo idioma. Si usted es un hablante nativo, ¡entonces está perdiendo la oportunidad de hacer dinero! Convertirse en profesor de idiomas no es complejo y puede hacerse a través de Skype o Hangouts. Puede empezar con un cliente y ver cómo va. Algunas personas han tenido éxito, enseñando a diez o más personas durante una sesión.

La clave para atraer clientes es ser educado. Esta es una clase de comunicación; deberías mostrar que usted es bueno en ello. Aparte de ser un hablante nativo, ¡debe comportarse de manera respetuosa!

Vender cursos en línea

Varias empresas contratan a gente para vender sus cursos a los estudiantes. Si usted tiene la experiencia, puede ganar buen dinero haciendo esto, pero necesitará estar en numerosas plataformas de redes sociales para llegar a mucha gente, y aprender sobre cada curso que está vendiendo para no ser sorprendido por las preguntas de los estudiantes. Puede vender cursos en línea en cualquier momento y ganar buen dinero con ello, pero también, puede enseñar cursos en línea si tiene el conocimiento para hacerlo. Hay muchos profesores en línea que enseñan a los estudiantes y ganan buen dinero, sin embargo, no fueron un éxito de la noche a la mañana. La paciencia es importante ya que usted esperará algún tiempo antes de empezar a ganar. Aun así, la venta de cursos en línea es una simple y viable fuente de ingresos.

Capítulo 6: Por qué algunas personas encuentran más fácil crear múltiples fuentes de ingresos que otras

Si usted tiene múltiples fuentes de ingresos, significa que ha diversificado su cartera de inversiones. La verdad es que todos quieren disfrutar de libertad financiera sin restricciones. Mientras que la mayoría de los millonarios (que tienen cinco o más fuentes de ingresos) conocen este secreto, la mayoría de la población todavía lucha por tener más de una fuente de ingresos. Recuerde, cuando una fuente de ingresos sufre una pérdida, entonces las otras pueden compensar el daño sin tanto sufrimiento y drama. Cuando ninguna de las corrientes está baja, se gana mucho dinero; cuando una está baja, ¡apenas se nota!

Confiar solo en el empleo puede no proporcionar la libertad financiera que algunos requieren, y muchos tratan de hacer un esfuerzo adicional para complementar los ingresos de su trabajo regular. Si usted no está orientado a los negocios, entonces puede usar su talento y pasión para generar ingresos. La independencia financiera requiere un trabajo duro y mucha dedicación; esto significa que los débiles pueden darse por vencidos en el camino, especialmente si las cosas no salen tan bien como se espera.

Se pueden encontrar múltiples flujos de ingresos de la misma línea de negocio o de diferentes líneas en conjunto. Depende completamente del nivel de participación, el tiempo total que tiene que dedicar a ambos flujos y a ambos grupos de clientes objetivo. Tener múltiples fuentes de ingresos en el mismo negocio es más manejable en términos de gestión. Por ejemplo, si usted es un blogger, puede considerar la creación de contenido por su cuenta, la creación y venta de cursos digitales, la escritura de libros electrónicos y la venta en Amazon, así como convertirse en un comercializador afiliado. Estará haciendo cosas diferentes desde la misma plataforma, y todos los pagos le llegarán de manera diferente; esto es mucho mejor que solo hacer un blog, que le habría proporcionado un solo ingreso.

Los caminos mencionados anteriormente no son las rutas desde las que ganar con los blogs. Puede hacer consultorías, puede publicar anuncios en sus blogs y ganar dinero con los ingresos de los anuncios, y también puede tener un podcast en el mismo blog. ¿Qué tan genial es eso? Empezar un negocio completamente diferente del que ya tiene puede requerir más ingresos y una exhaustiva investigación de mercado. Además, considere si tienes suficiente tiempo para dedicarle a ambos. Si no es así, uno puede sufrir y eventualmente colapsar; esto no significa que no pueda hacer ambas cosas. Una forma óptima de intentarlo: dedique mucho tiempo a una parte del negocio hasta que pueda sostenerse por sí mismo, lo que requiere poco tiempo o atención por su parte. En este punto, iniciar otro negocio será realista porque la otra empresa está en marcha y se sostiene por sí misma.

Estas discusiones nos llevan al único argumento que surge a menudo: ¿Por qué a algunas personas les resulta más fácil crear muchos flujos de ingresos que a otras? En el resto de este capítulo, vamos a tratar este tema en profundidad, proporcionándole ideas que pueden hacerle resistente y darle el impulso para crear sus flujos de ingresos adicionales. Nunca es demasiado tarde para empezar, y mientras esté mental y emocionalmente preparado para soportar cualquier resultado, sea positivo o negativo, está listo para empezar.

A algunas personas les encanta la idea de los ingresos pasivos. El ingreso pasivo es el dinero que se gana sin cambiar tiempo por dinero. Las personas que han explotado esto y tienen éxito disfrutan de la máxima libertad financiera. La mayoría de los influenciadores de redes sociales hacen esto, así como muchos millennials que lo han encontrado muy gratificante, haciendo uso de toda la tecnología disponible. Por ejemplo, una vez que usted escribe un libro electrónico y lo publica en Amazon, puede ganar dinero con el mismo libro durante años y años. Lo mismo se aplica a cursos digitales, ofreciéndolos en línea, y también blogueando sobre ellos mientras se gana dinero con las ventas de afiliados de los productos anunciados (si un cliente estudiante hace clic en él y lo compra). ¡Con Internet, sus posibilidades son casi ilimitadas!

Los ingresos pasivos pueden no ofrecerte millones de dólares en un año, pero pueden proporcionarle algo de dinero extra para cubrir los gastos, especialmente las emergencias que surjan. Lo mejor de los ingresos pasivos es que, una vez que se obtiene un flujo "fluido", rara vez tiene que pasar mucho tiempo en él, simplemente se sienta y espera los resultados.

Lamentablemente, algunas personas suponen que pueden iniciar un flujo sin involucrarse en absoluto en el proceso, mientras que otras entienden (y son conscientes) de que los ingresos pasivos que están creando requieren una profunda participación y dedicación desde el principio. Otros lo hacen simplemente como una técnica de supervivencia cuando temen una posible tensión financiera. Con el tiempo, sin embargo, los ingresos pasivos pueden llegar a ser una gran estrategia de creación de riqueza, generando ingresos durante décadas.

Esos exitosos productores de ingresos multimodales han podido dejar su trabajo de 8 a 5 para hacer sus propias cosas y están apasionados por ello. Estas personas dicen estar más satisfechas con sus elecciones y con el tiempo, se han encontrado ganando más dinero del que nunca esperaron. También hay otras personas que, con el tiempo, han desarrollado el síndrome de dependencia, confiando tanto en su trabajo de 9 a 5 que viven con lo básico. Cada centavo de sus ingresos se utiliza para pagar las facturas y comprar comida, sin dejarles nada para ahorrar.

Por esta razón, tienen un miedo constante de lo que les pasará si renuncian a sus trabajos. Aunque tengan una idea para un negocio que quieran probar, les falta el dinero para financiar sus ideas. Algunos se olvidan de considerar lo que podría suceder si su empresa decide eliminar sus puestos de trabajo; esto significa que no tendrán ingresos para mantenerlos hasta que encuentren otro trabajo. Antes de encontrarse en esta posición, empiece a descubrir las cosas que puede hacer durante los fines de semana o cuando no está trabajando, cosas que pueden aportar un ingreso extra. Puede ser hacer ejercicio, cocinar, hacer gimnasia o convertirse en profesor de canto. Puede ofrecer servicios de limpieza, corte de césped, jardinería; cualquier cosa que le guste hacer y que haga bien, considere ofrecérsela a otros durante las horas en que no trabaja. Con perseverancia, puede generar suficiente dinero para iniciar su propio negocio, rompiendo el yugo de los ingresos del empleo como única fuente de ingresos.

Muchas personas han pasado por alto el hecho de que la naturaleza del trabajo está cambiando, aferrándose al concepto de ganar solo con el empleo. Otros han abrazado la idea de trabajar desde casa y diversificar sus ingresos mientras están sentados en la mesa de la cocina, o en el escritorio del dormitorio extra. No temen asumir riesgos y explorar opciones de ingresos adicionales, creyendo que los ingresos de diferentes fuentes plantean menos riesgos financieros, lo que a su vez les da más control de su situación financiera. Entienden que las múltiples corrientes crean la mayor cantidad de ingresos, *exponencialmente* más en comparación con los ingresos de una sola fuente.

Estos empresarios abrazan la globalización y la tecnología, utilizándola en su beneficio. Ya entienden que si no lo hacen, serán absorbidos por tecnologías inteligentes que se introducen cada año. Por lo tanto, se esfuerzan por conseguir múltiples fuentes de ingresos que les sirvan de protección cuando se enfrenten a emergencias como la pérdida de empleo o las crisis sanitarias. *Plancan para no fracasar.* Si algo lanza sus ingresos por un bucle, tienen un plan de respaldo que puede protegerlos.

Lamentablemente, otros que aún no adoptan estas ideas están poniendo todos sus huevos en una canasta, creando más riesgo durante los tiempos de emergencia.

La gente que crea múltiples flujos de ingresos trabaja muy duro. Si todavía están empleados, entienden que dejar un trabajo para empezar a generar una variedad de flujos de ingresos puede ser una buena idea, pero requiere preparación. Haciendo el esfuerzo extra, utilizan el tiempo libre que tienen (y los ahorros o ingresos de su trabajo) para generar más de un flujo de ingresos. Esto explica por qué las personas con el mismo rango de trabajo y la misma escala salarial no disfrutan del mismo nivel de vida. Algunos se toman su tiempo libre para crear un ambiente de éxito en términos de múltiples flujos de ingresos; *ellos hacen que suceda.*

Si uno se esfuerza en lo que sea que haga, eventualmente, valdrá la pena. Usted puede ser un agente de bienes raíces y programar una reunión con sus clientes potenciales en su día libre. Haciendo esto, todavía ganará dinero de su trabajo y comisiones de un trato exitoso. También puede ser un corredor o consultor de bienes raíces y conectar a los clientes con las mejores propiedades, así como vincularlos con el tipo de agente que requieren. Por supuesto, trabajará muy duro para lograr todo esto, pero al final del día, valdrá la pena. Además, tenga en cuenta que los que trabajan duro también deben trabajar con inteligencia; esto significa que las estrategias que usted adopte deben ser útiles y razonables. Si no planea una buena estrategia, entonces su duro trabajo puede que nunca valga la pena. Considere siempre la posibilidad de interactuar con personas de la misma línea de negocios que hayan adquirido más experiencia que usted a lo largo de los años; escuche sus historias y aprenda de su experiencia.

Durante la planificación de cualquier cosa, los objetivos son de suma importancia. La gente que encuentra fácil construir múltiples flujos de ingresos se centrará intencionalmente en los objetivos más específicos. Redactan los objetivos que pretenden alcanzar, centrándose en cómo exactamente alcanzarán esos objetivos, y consideran diferentes resultados. Recuerdan que los objetivos deben ser SMART. Este acrónimo en inglés significa Specific, Measurable, Attainable, Relevant, and Time-bound (Específico, Medible, Alcanzable, Relevante y de Duración determinada). Solo al alcanzar estas metas pueden cumplir sus objetivos.

Lo más emocionante de estas personas es que cuando no logran sus objetivos, no se van; en cambio, se evalúan a sí mismos, descubren las cosas que han hecho mal, y se les ocurren maneras de evitar los escollos que sufrieron la primera vez. En términos simples, aprenden de sus errores. Para ellos, el fracaso es una experiencia de aprendizaje que forma a alguien, y no el final del viaje.

Además, si las cosas funcionan, tampoco se detienen ahí. Se les ocurre una estrategia mejor para obtener más ingresos que su primer plan de juego. En términos simples, usan el dinero para hacer dinero. El éxito y el fracaso no los asustan, ya que entienden que ambos pueden motivarlos de diferentes maneras. A medida que siguen desarrollando flujos adicionales de ingresos de los que tienen éxito, siguen creciendo y creciendo, aumentando sus ingresos y aprovechando todas las oportunidades que se les presentan.

La paciencia es una virtud, no solo para todos, sino también para las personas que tienen la intención de construir múltiples fuentes de ingresos. Las personas que han dominado el plan de desarrollar múltiples fuentes de ingresos lo saben y entienden que crear numerosas fuentes de ingresos no es un plan para hacerse rico rápidamente. Tiene que ser paciente con todo, o de lo contrario puede encontrarse con deudas. Lleva mucho tiempo, y a veces su paciencia puede ser puesta a prueba. Por ejemplo, los alquileres inmobiliarios (o el flipping) ofrecen múltiples flujos de ingresos, pero para realizarlos, debe ahorrar durante algunos años para que no empiece a invertir con deudas. Después de ahorrar, puede comprar una casa, renovarla y venderla a un precio más alto. Alternativamente, puede alquilar la casa o usarla para alojar huéspedes (Airbnb) así como para funciones. Los ingresos por alquiler pueden ser un excelente ingreso pasivo, al igual que otras cosas. También puede usar las ganancias para comprar propiedades de alquiler adicionales, duplicando o triplicando su flujo de ingresos. Con paciencia a lo largo de los años, puede aumentar sus propiedades hasta que tenga el ingreso con el que ha soñado. Mientras planea ahorrar, considere otras ideas de ingresos pasivos para aumentar sus ahorros mensuales, acercándole a su sueño. La paciencia no puede ser subestimada, y es un hábito que todos pueden aprender.

Creemos que ahora usted sabe por qué a algunas personas les resulta fácil crear flujos de ingresos adicionales. Ahora podemos señalar algunas de las razones por las que a otras personas les sigue resultando difícil crear más flujos de ingresos en la parte restante de este capítulo.

Seguridad laboral

Existe una mentalidad tradicional que ha pasado de una generación a otra a lo largo de los años: una vez que usted es adulto, necesita levantarse temprano, ir a trabajar, subir la escalera corporativa, ahorrar para la jubilación y luego disfrutar de su pensión en su vejez. Para aquellos sin educación o habilidades laborales, fueron delegados a trabajos de servicio a domicilio (es decir, sirvientas) u otros trabajos serviles. La tecnología está cambiando esta mentalidad debido a la rápida incorporación de la tecnología moderna en el lugar de trabajo, incluso llevando a una reducción de la fuerza de trabajo. Algunas personas todavía se encuentran atascadas en un trabajo con un buen plan de pensiones o en puestos permanentes, ya sea que paguen bien o no.

La comodidad de tener una situación en la que no pueden perder sus trabajos les da una sensación de seguridad laboral. Tal vez no vean la necesidad de crear un ingreso adicional porque sienten que una vez que se jubilen (o se enfrenten a una enfermedad terminal) tendrán ahorros para cubrir esas circunstancias. Se sienten seguros donde están, teniendo acceso a los ahorros y a los servicios del gobierno sin costo alguno.

Miedo a correr riesgos

La mayoría de las veces, a los jóvenes les resulta fácil arriesgarse cuando son más jóvenes. A medida que uno se hace mayor, el miedo a correr un riesgo pasa factura, y a menudo la gente ve que otros tardan años en recuperarse de pérdidas o fracasos importantes. Otros tienen muchas necesidades que requieren su atención, como las obligaciones familiares, por lo que a medida que envejecen, el miedo al fracaso suele estar presente en el fondo de sus mentes.

Si las cosas no funcionan como se espera, no solo sufrirán ellos, sino también sus hijos. Por lo tanto, no ven el fracaso como una experiencia de aprendizaje sino como una caída que deben evitar a toda costa.

Usted puede tomar riesgos en cualquier momento de su vida, no importa cuán joven o viejo sea. La gente se da cuenta de la libertad financiera en diferentes momentos de su vida. El riesgo es el riesgo; no elige el momento o solo afecta a ciertos grupos de edad. Aquellos que temen el fracaso deben buscar el apoyo de la familia o los amigos, sabiendo que hay personas a las que recurrir cuando las cosas no salen como se espera. Estas son las mismas personas con las que probablemente celebrarán cuando las cosas vayan bien.

Seguro Social

En los Estados Unidos, las prestaciones del Seguro Social entran en vigor cuando se llega a una edad determinada, lo que hace posible que la mayoría pague sus facturas y proporciona a algunos una red de seguridad cuando dejan de trabajar. Sabiendo que esto existe, algunas personas se relajan y solo se centran en ganar el dinero que les sostiene en el momento actual, sin darse cuenta de que este sistema de gobierno puede fallar, o que los ingresos que llegan pueden no ser suficientes para sostener sus necesidades una vez que llegan a esa edad de jubilación. No se dan cuenta de que pueden no disfrutar de la misma seguridad financiera que sus abuelos.

Muchos millennials se esfuerzan por lograr la seguridad financiera creando más flujos de ingresos, dándose cuenta de que si no tienen derecho a la seguridad social en su vejez, sobrevivirán con sus ganancias. El Seguro Social tiene muchas condiciones, y algunas personas optan por esperar hasta la edad de 68 años para solicitarlo, u optar por no solicitarlo en absoluto. Es esencial trabajar en la creación de otra fuente de ingresos y ahorrar para que si el seguro social no exista para el año 2035, todavía se pueda llevar una vida significativa y productiva.

Deudas y préstamos

A veces es difícil hacer planes a largo plazo si apenas se pueden hacer planes para el día o la semana siguiente. Algunas personas se encuentran endeudadas por préstamos estudiantiles, hipotecas y asistencia sanitaria. En esta circunstancia, la mayoría de los ingresos se utilizan para pagar las deudas, dejándolos sin ningún ingreso restante para ahorrar o utilizar para invertir en otras fuentes de ingresos. Esto los deja financieramente agotados y no pueden saber cómo pueden lograr la libertad financiera deseada. Además, si no pagan las deudas como se esperaba, pueden tener que pagar cargos adicionales que no esperaban.

Si se encuentra en esta situación, considere un empujón lateral para generar ingresos para pagar sus deudas. Una vez que liquide todas las deudas, considere la posibilidad de iniciar una fuente adicional de ingresos y empiece a ahorrar dinero para ayudar a cubrir situaciones de emergencia y también para encontrar fuentes adicionales de ingresos pasivos. Considere la posibilidad de crear un negocio en línea que no requiera mucho capital por adelantado para establecerse (es decir, el blogging).

Sobre la base de todos los análisis anteriores, es cierto que las fuentes adicionales de ingresos son la clave para generar riqueza y lograr la libertad financiera. Si usted se encuentra incapaz de construir más de dos flujos de ingresos, entonces necesita reevaluarse. Es algo que todo el mundo puede hacer siempre y cuando se proponga hacerlo a propósito, estando psicológicamente preparado para lo mejor y lo peor. No deje su trabajo antes de que su actividad extra empiece a generar ingresos y, si es posible, cree dos o más fuentes de ingresos que sean autosuficientes antes de dejar su trabajo. Sea sabio en la forma de hacer estrategias y planes para todo. La mayoría de la gente se prepara para el éxito y no para un posible fracaso. La misma forma en que usted planifica para su éxito es la misma forma en que necesita planear para el fracaso; de esa forma, usted puede aprender de ambos. Además, considere aventurarse en un negocio secundario que le apasione; de esa manera, obtendrá la satisfacción personal que proviene de múltiples flujos de ingresos exitosos.

Capítulo 7: Cómo sostener múltiples fuentes de ingresos

La diversificación de sus ganancias a través de múltiples fuentes de ingresos es importante porque si una fuente no logra aportar dinero, usted todavía tiene otras fuentes rentables para mantenerse a flote. Si su única fuente de ingresos es el empleo formal, se expone a un riesgo muy grande, ya que puede perder su trabajo en cualquier momento, sin previo aviso, dejándole sin ninguna fuente de ingresos. La creación de múltiples fuentes de ingresos le protege de los riesgos financieros.

Si tiene muchas fuentes de ingresos, estará en condiciones de generar ingresos adicionales, lo que le permitirá ejercer un mejor control sobre sus asuntos monetarios que cuando obtiene ingresos de una sola fuente. Los empleos fijos se enfrentan a rápidos cambios debido a la globalización, la tecnología y otros factores sobre los que usted no tiene control. Con el paso de los años, la tecnología inteligente continúa avanzando, lo que significa que la demanda de trabajo manual seguirá disminuyendo. Si quiere estar en el lado financiero seguro, tendrá que considerar la idea de múltiples flujos de ingresos.

Es un hecho que cuando tiene muchas fuentes de ingresos sostenibles, tiene más estabilidad durante una crisis de salud, la pérdida de empleo, una recesión o cualquier otra emergencia que pueda surgir. Los millonarios promedio tienen al menos siete fuentes de ingresos o más; entienden los riesgos que conlleva poner todos los huevos en una sola canasta. Una fuente de ingresos nunca será tan rentable como la de diferentes fuentes de ingresos. Los flujos de ingresos múltiples son más efectivos cuando la mayoría de ellos son flujos de ingresos pasivos.

En los viejos tiempos, manejar múltiples fuentes de ingresos era una tarea que consumía tiempo, era costosa y difícil. Afortunadamente, esta situación ha cambiado con la invención de Internet; crear y mantener múltiples fuentes de ingresos se ha vuelto más asequible, rápido y fácil.

Las múltiples fuentes de ingresos son muy diferentes entre sí; algunas requieren que se dedique algo de energía y tiempo para mantenerlas en funcionamiento, mientras que otras son pasivas. Las múltiples fuentes de ingresos desempeñan un papel fundamental en el aumento de sus ingresos y le dan la oportunidad de hacer otras cosas que aún pueden hacerle ganar dinero extra. Hay muchas vías que puede seguir, incluyendo cursos en línea, tiendas de comercio electrónico, mercadeo en YouTube, blogs, mercadeo de afiliados, etc.

En el pasado, había muy pocas opciones disponibles para ganar dinero aparte del empleo formal. En la actualidad, hay miles de cosas en las que puede involucrarse para alcanzar sus metas financieras. Puede optar por las cosas más sencillas, como trabajar por cuenta propia en línea y vender bienes raíces. La elección de sus múltiples fuentes de ingresos depende de varios factores, como su experiencia, su estilo de vida y sus objetivos. Veamos las muchas vías modernas que puede utilizar para obtener el ingreso adicional que necesita.

Si tiene la intención de crear múltiples fuentes de ingresos, debe observar las vías probadas que aumentarán sus posibilidades de éxito. Empiece por seleccionar un flujo de ingresos en la que tenga interés o considere ideas similares. Podría ser bienes raíces, negocios en línea, mercadeo digital, etc. El primer flujo de ingresos que cree debe ser algo que le apasione; de lo contrario, pronto perderá el interés, lo que puede detener el flujo de ingresos.

Cuando se crea el primer flujo de ingresos, puede ser difícil porque no tiene experiencia en su manejo. Depende principalmente de la información que ha encontrado en Internet o de boca en boca. Es posible que tenga que crear un equipo de apoyo, superar los obstáculos para el éxito y crear un flujo de efectivo adecuado para mantener su flujo de ingresos en funcionamiento. El primer flujo de ingresos debe ser algo que pueda perseguir incluso en *ausencia de fondos*.

¿Cómo puede mantener múltiples fuentes de ingresos?

Construir múltiples fuentes de ingresos no es tan difícil como mucha gente piensa; hay un fácil acceso a oportunidades, información y personas. Algunas personas piensan que para crear múltiples fuentes de ingresos, necesitan tener un negocio ya existente, pero esto no es cierto. La creación de múltiples fuentes de ingresos sostenibles se reduce a la práctica de lo siguiente:

- Entender que al crear un nuevo flujo de ingresos, está sentando los cimientos para sus beneficios a largo plazo
- Trabajar en lo que usted es bueno como ventaja
- Explicar a la gente sus intenciones
- Ser creativo
- Entrar en acción

Hay miles de artículos en Internet que dan una idea de las vías que puede explorar para ganar más dinero. Los seres humanos tienen diferentes capacidades y pasiones; lo que funciona para un individuo puede no funcionar para usted.

Establecer los cimientos

Los planes que prometen recetas para hacerse rico de la noche a la mañana son irreales e inalcanzables. El desarrollo de flujos de ingresos exitosos y sostenibles necesita de bases sólidas, además que paciencia y la autoconciencia son cruciales para crear esas bases sólidas. Un flujo de ingresos podría estar ganando solo %5 al principio; si tiene una visión a largo plazo y paciencia, puede crecer y generar mucho más. Las pequeñas ganancias cuando el flujo es nuevo no deben desanimarle. Dele tiempo.

Trabajar en lo que usted es bueno como ventaja

Todos tenemos intereses diversos; si su interés está en un determinado campo y puede ofrecer valor a otra persona del mismo, entonces puede ganar dinero. La gente tiende a interesarse mucho por lo que otros hacen y a copiarlos; esto puede funcionar solo por un corto tiempo, no a largo plazo. Siempre encontrará anuncios sobre cómo la gente ha ganado cientos de dólares de ciertas maneras; ignórelos. La mejor manera de conseguir mayores tasas de éxito es centrarse en aquello en lo que ya se es bueno, lo que hará que sea muy fácil dirigir su nuevo flujo. Un ejemplo sencillo es ganar dinero participando en encuestas en línea; da su opinión y le pagan.

Explicar a la gente sobre sus intenciones

Tendrá más éxito si escribe su visión y sus objetivos y los lleva a cabo. Las posibilidades de que su flujo de ingresos tenga éxito aumentan cuando tiene socios responsables. Contarle a la gente sus sueños y metas puede hacer que disminuyan las probabilidades de éxito, lo que puede hacer que se sienta demasiado confiado (ya que siente que ya ha hecho lo que está describiendo). Verbalizar y visualizar sus metas —y ser responsable ante aquellos a quienes se las ha contado— ayuda a que vuelva a la realidad cuando se haya alejado de esas metas.

Ser creativo

Hay muchas formas creativas en las que se pueden construir múltiples flujos de ingresos sostenibles, a saber:

- Vender libros electrónicos
- Trabajos de freelance en Microsoft Excel
- Coaching de nutrición y fitness
- Proporcionar préstamos a otros
- Invertir en bienes raíces
- Marketing de afiliados

Entrar en acción

Si no actúa, nada de lo anterior tendrá peso. Incluso si falla después de actuar, habrá aprendido algo que puede usar para futuros ensayos. Para crear flujos de ingresos sostenibles y exitosos, siempre invierta en una idea que le apasione, una que pueda mantener, incluso sin ingresos.

Consejos para crear múltiples fuentes de ingresos

Dado que hay algunos inconvenientes de tener múltiples fuentes de ingresos, las ventajas superan a los riesgos, especialmente si se están construyendo fuentes adicionales generadas en un negocio en casa. Los siguientes pasos pueden ayudarle a construir más fuentes de ingresos a partir de su actual negocio en el hogar:

Establezca metas de ingresos realistas y alcanzables

Una de las cosas más importantes que debe hacer cuando construye múltiples flujos de ingresos es establecer metas. Debe alinear sus decisiones financieras con sus necesidades. Si está planeando o pensando en formas de obtener un ingreso extra, debe preguntarse: ¿Qué pretendo lograr con esta inversión? ¿Cuánto dinero espero ganar con esta fuente de ingresos? Establecer metas de ingresos puede facilitarle la planificación. Puede pensar en objetivos a largo o a corto plazo, pero lo más importante es establecer objetivos.

Investigue las opciones disponibles y más viables

Antes de invertir en múltiples fuentes de ingresos, investigue las opciones disponibles; esto juega un papel crucial a medida que se involucra y desarrolla fuentes de ingresos adicionales. La investigación le dará una visión clara sobre las posibles vías, así como lo que puede esperar de las mismas. Al hacer una investigación adecuada, comprenderá lo que puede funcionar para usted o no; tendrá una idea de lo duro que tendrá que trabajar, así como el capital que necesitará para iniciar un flujo de ingresos. Es imperativo investigar.

Probando las aguas

No todos los negocios que generan ingresos son fáciles para todos; depende de su experiencia y de cuánto esté dispuesto a sacrificar para que su flujo de ingresos tenga éxito. En algunos casos, la única manera de averiguar si un flujo trabajará a su favor o no será sumergiéndose en él y averiguando por sí mismo. Puede iniciar su flujo de ingresos mientras sigue trabajando en otro lugar; esto le da la oportunidad de explorar antes de establecerse en tres, cuatro o más fuentes de ingresos.

Recuerde que el fracaso es una posibilidad

No hay ninguna garantía de que sus flujos de ingresos sean sostenibles o exitosos; hay que estar abierto a la posibilidad de fracaso. Solo a través de los intentos sabrá el resultado, así que siempre seamos realistas; puede que tenga que seguir intentándolo antes de ganar el premio gordo.

Puntos a recordar cuando se crean múltiples fuentes de ingresos sostenibles

• Decidir y establecer *un único flujo de ingresos a la vez*. La creación de nuevos flujos de ingresos puede ser lenta y tediosa, por lo que hay que evitar iniciar muchas fuentes de ingresos con la esperanza de convertirse en millonario de la noche a la mañana. Terminará dirigiendo su atención a diferentes áreas al mismo tiempo, disminuyendo su efecto en general, y retrasándole al final. En cambio, haga que su objetivo sea tener herramientas, programas y sistemas; estos le ayudarán a crear otras fuentes de ingresos en el futuro.

• Dele a las fuentes de ingresos adicionales el esfuerzo y el tiempo que requieren para mantenerlas en funcionamiento; una vez que los ingresos empiecen a fluir, puede pensar en iniciar otras fuentes de ingresos. Sin embargo, si la nueva fuente no aporta ningún ingreso, dele algo de tiempo antes de decidir abandonarla. Puede que solo necesite un par de ajustes para que las cosas fluyan.

• Crear nuevas fuentes de ingresos puede llevar mucho tiempo, sin embargo, si decide crear una nueva fuente dentro de un negocio existente, puede ser más fácil y rápido. El tamaño del negocio existente no es un factor determinante a la hora de iniciar un nuevo flujo de ingresos dentro del mismo negocio. Por ejemplo, cuando Amazon.com estaba despegando, estaban vendiendo libros. Actualmente, Amazon.com vende una gran variedad de productos, así como streaming de medios y servicios de negocios.

• Muchos empresarios que son propietarios de empresas de servicios también añaden libros y coaching a sus fuentes de ingresos existentes. Los bloggers que hacen marketing de afiliación pueden escribir sus cursos y libros para enlazarlos a su flujo de ingresos existente.

Ventajas de tener un flujo de ingresos múltiple

Además de obtener ingresos adicionales, hay muchas otras razones por las que se debe considerar la posibilidad de tener múltiples fuentes de ingresos, a saber:

• Crear muchas fuentes de ingresos es más fácil que construir una sola fuente, es decir, es más fácil ganar 1500 dólares de cuatro fuentes de ingresos que ganar 3000 dólares de una sola fuente.

• Las múltiples fuentes de ingresos ayudan a reducir la posibilidad de no tener ingresos, si una sola fuente de ingresos se detiene por cualquier razón, todavía tiene otras fuentes que le sostendrán. Si tiene un negocio en casa, las fuentes múltiples de ingresos pueden ayudarle a compensar sus facturas.

• Esto le mantiene ocupado, ya que lo más probable es que esté haciendo diferentes tareas para mantener cada flujo funcionando en un momento dado.

• Seguridad laboral; con el surgimiento de la Inteligencia Artificial, las empresas están reduciendo el número de sus empleados. Otras empresas han tenido que cerrar debido a dificultades financieras, dejando a muchas personas sin trabajo. Puede amortiguar este riesgo construyendo medios de vida seguros y viables desde su casa. Puede aprovechar varios mercados creando varias fuentes de ingresos.

• Oportunidades únicas: puede seguir sus sueños y pasiones, creando fuentes en un área que le interesa. Tener una sola fuente de ingresos no es realista hoy en día, especialmente con el alto costo de vida. Internet ofrece muchas posibilidades; puede construir negocios viables en línea y hacer uso de sus intereses y habilidades. Ya sea en finanzas, escritura, marketing, etc., encontrará un lugar para sus habilidades usando las plataformas en línea.

• Puede investigar mientras sigue trabajando; averiguar las oportunidades disponibles y lo que necesita para empezar a invertir en ingresos pasivos.

• Puede mantenerse en línea con sus valores; si usted tiene múltiples flujos de ingresos, no se le hará comprometer sus creencias en un momento dado. No tiene ese privilegio cuando trabaja para otra persona, y si no puede hacer lo que su empleador le pide, entonces termina perdiendo su trabajo. Cuando no responde ante nadie más, puede vivir según sus valores y libertad.

• Tendrás menos estrés y mayor satisfacción. Si tiene hijos, tener múltiples fuentes de ingresos significa que puede trabajar desde casa, pasando el mayor tiempo posible con sus hijos.

• Tiene espacio para correr riesgos; será más difícil cambiar de carrera o correr riesgos comerciales graves cuando sea mayor, ya que tendrá obligaciones familiares. Cuando usted es un empresario con múltiples fuentes de ingresos, puede cometer errores, pero solo le darán un marco mental abierto para saber qué decisión tomar en el futuro. Sea cual sea la decisión que tome, siempre investigue a fondo; no quiere arriesgarse a ciegas, ¿verdad?

• El fondo para la universidad de sus hijos: puede ahorrar el dinero que gana de múltiples fuentes de ingresos para pagar la universidad de sus hijos en el futuro.

• Vivir una vida cómoda; para crear y mantener una verdadera riqueza, tiene que evitar la extravagancia. Al mismo tiempo, no significa que se restrinja a las necesidades básicas para ahorrar. La creación de múltiples fuentes de ingresos le dará un ingreso extra que le permitirá ahorrar cómodamente.

• Crear riqueza a largo plazo: pensar en beneficios a largo plazo puede ser difícil cuando se gana muy poco al principio.

Los sacrificios que hace al principio con las fuentes de ingresos pasivas tendrán enormes ganancias de capital y efectos a largo plazo. Muchos flujos de ingresos múltiples son escalables y sostenibles, lo que los convierte en grandes generadores de ingresos a largo plazo.

• Pagar en efectivo mientras hace las compras; en muchos casos, la gente tomará préstamos para comprar coches o casas. El hecho de tener múltiples fuentes de ingresos hace posible que se ahorre lo suficiente para pagar esos artículos con dinero en efectivo en lugar de préstamos, que vienen con intereses. Es un concepto muy simple: pagar en efectivo, no pagar intereses.

Hechos sobre la creación de fuentes de ingresos sostenibles

• No necesita un abogado o un contador cuando establece un flujo de ingresos y tenerlos se traduce en costos adicionales cuando aún no ha empezado a ganar dinero. Una excepción: es posible que necesite los servicios de un abogado si se dedica al negocio inmobiliario; necesitará borradores de algunos documentos legales, por ejemplo, los contratos de arrendamiento.

• No hay un número específico sobre los flujos de ingresos que puede tener; puede tener tantos como pueda manejar cómodamente. La única limitación podría ser el tiempo; ¿cuántas horas en un día puede dedicarle para ponerlo en marcha? Las nuevas fuentes de ingresos requerirán cierta gestión al principio. No se esfuerce demasiado.

• Nadie quiere trabajar activamente para siempre; aproveche las oportunidades disponibles para crear vías que aseguren que, a medida que crezca, todo lo que tendrá que hacer es relajarse y observar cómo crecen sus cuentas.

Algunas de las preguntas que debe hacerse para evaluar si mantendrá múltiples flujos de ingresos incluyen:

- ¿Tiene algún conocimiento de tecnología y de los principios de aprovechamiento del tiempo? ¿Tiene las habilidades necesarias para ayudarse en la gestión de los múltiples flujos de ingresos?

- ¿Tiene experiencia en la gestión o la contratación de personal para ayudarle a gestionar las múltiples fuentes de ingresos? En caso negativo, ¿está disponible para gestionar las múltiples fuentes de ingresos por sí mismo?

- ¿Tiene la inteligencia callejera, la experiencia empresarial y las aptitudes de negociación que son vitales para competir en múltiples frentes de inversión y de negocios al mismo tiempo?

- ¿Puede acceder a algún tipo de asesoramiento experto sobre las numerosas cuestiones financieras y jurídicas que probablemente encontrará al gestionar y poner en marcha las múltiples fuentes de ingresos?

La idea de crear y mantener múltiples fuentes de ingresos no es tan compleja como parece. Tiene todas las habilidades necesarias para llevarlo a cabo con éxito, todo lo que necesita es una planificación adecuada y dedicación, y conseguirá ganar sus ingresos, con el tiempo. Puede que no siempre sea divertido y fácil, pero cuando el primer dólar aparezca en su cuenta, ¡será todo sonrisas!

Las múltiples fuentes de ingresos funcionan mejor para las personas que aspiran a un futuro financiero más brillante. Para estar en una mejor posición para sostener múltiples flujos de ingresos, debe diversificar sus flujos de ingresos tanto como sea posible. ¿Qué tal si abre cuentas de corretaje e invierte en fondos mutuos o fondo de inversión cotizado? Puede terminar obteniendo rendimientos reales que pueden ayudar enormemente a complementar sus ingresos; esto significa asumir riesgos ya que puede perder dinero, pero también, debe tratar de estar seguro. Otra opción sería invertir en empresas de préstamos entre iguales, como el Club de Préstamos. Elegir las inversiones que le beneficiarán es fácil, ya que puede aprender de personas que ya han pasado por lo mismo, con éxito.

A medida que continúe creando un nuevo flujo de ingresos, se dará cuenta de que tiene menos tiempo del que originalmente pensó que tenía. Verá que necesita crear más fuentes de ingresos, gastando tiempo al principio, pero al final, liberando más tiempo mientras se provee de independencia financiera al final de todo. Salga de su zona de confort y haga algo que usted pensaba que era imposible. Puede que descubra algo nuevo que aumente enormemente sus ingresos.

Capítulo 8: Cosas que debe evitar cuando tiene múltiples fuentes de ingresos

A estas alturas, todos sabemos que el principal beneficio de las múltiples fuentes de ingresos es principalmente su coherencia y la seguridad de los propios ingresos, en su mayoría ingresos de fuentes relacionadas y no relacionadas. Si bien la seguridad financiera puede permitirle hacer muchas cosas; a veces puede crear un exceso en situaciones, que no solo son innecesarias, sino posiblemente perjudiciales para su futuro.

La seguridad financiera significa que tiene una cartera de bonos que puede crear muchos ingresos que deben gastarse cada año, dándole más oportunidades para reinvertir e incluso ampliar su cartera. Lo más probable es que no le afecten las cuestiones de inflación y recesión, por lo que debe aventurarse a una opción más segura. Por supuesto, puede lograrlo con una investigación exhaustiva, explicando tal vez por qué el mismo flujo de ingresos puede producir diferentes beneficios en diferentes lugares. Se han descubierto tantos factores que influyen en ellos, desde factores sociales, ambientales e incluso físicos. Tener múltiples fuentes ya demuestra que usted es un inversor. Por lo tanto, usted debe entender algunas cosas que debe y no debe hacer en su operación.

Algunas recomendaciones facilitan su crecimiento y, al mismo tiempo, otras sirven como advertencia. Las cosas que debe evitar sirven como precaución o mecanismo de protección para asegurar que las cosas se muevan en la dirección correcta. Pueden advertirle sobre posibles daños y situaciones que pueden llevar al colapso del negocio. Siempre esté dispuesto a aprender y ajustarse a los cambios dentro del mercado cambiante.

Los gustos y preferencias de los consumidores también evolucionan continuamente; esto puede significar a veces que el modo de funcionamiento se modifica para adaptarse a las necesidades de los consumidores. Es porque la satisfacción del cliente es la clave. Cuando los clientes están satisfechos con el producto y aman el producto o servicio, consumen más y lo refieren más. Por lo tanto, las cosas que deben evitarse pueden ayudarle a evitar esa calificación negativa del mercado, a establecer más relaciones con sus proveedores financieros y a aumentar sus ingresos. Esta es la razón por la que también necesitamos aprender y entender qué evitar cuando se tienen múltiples flujos de ingresos. Su investigación sirve para guiarle en sus operaciones y evitar que cometa errores obvios que podrían haberse evitado fácilmente.

La seguridad financiera y la libertad pueden darle la libertad de hacer lo que quiera porque puede permitirse la mayoría de las cosas. Sin embargo, considere la siguiente lista de errores que suelen cometer quienes tienen múltiples fuentes de ingresos.

Limitar la diversificación

Una vez que empiece a experimentar la alegría de tener múltiples fuentes de ingresos, puede verse tentado a reducir la diversidad y centrarse en las fuentes que ya ha creado. Limitar la diversificación es un enemigo del progreso. Los ingresos de las múltiples fuentes de ingresos pueden ayudar a diversificar los ingresos pasivos también, por lo tanto más crecimiento y beneficios.

Cuando algo ha ido mal con una fuente, las otras no se verán probablemente afectadas, por lo tanto, esto no tendrá probablemente un efecto en su libertad y estilo de vida. Seguirá disfrutando de las cosas que ama sin gran temor a un potencial riesgo financiero.

Un buen ejemplo: Si sus fuentes están en la línea de los bienes raíces, no tenga miedo de diversificarse en el rango de la comercialización en línea, escribiendo eBooks sobre la inversión en bienes raíces, o muchos otros. La diversidad crea crecimiento, y una vez conseguido, uno puede disfrutar de todos los beneficios. La diversificación también permite aprovechar los recursos disponibles para obtener ingresos adicionales. Siempre trate de ser flexible y espontáneo, investigando; si está convencido de que la empresa en particular puede funcionar, entonces vaya por ella.

Confiar demasiado en una institución financiera

Hay muchas instituciones financieras que ofrecen una gran cantidad de servicios atractivos a sus clientes. Cuando tenga múltiples fuentes de ingresos, considere también la posibilidad de invertir en diversas instituciones financieras; esto se debe a que las instituciones también están en el negocio, al igual que usted. Se ven afectadas por la ley de la oferta y la demanda, dependiendo de sus clientes para sobrevivir. Si usted depende de una sola institución financiera, cuando esta caiga, usted también caerá.

Otra razón para evitar una institución financiera es por los diversos servicios que ofrecen. Algunas ofrecen préstamos para emprendimientos y la expansión de los negocios, otras ofrecen cobertura de seguro, mientras que otras ofrecen transferencia de dinero en línea.

El uso de diferentes instituciones significa que usted va por lo mejor en términos de prestación de servicios de una cosa en particular; también considere el asesoramiento financiero gratuito; esto es esencial para su negocio.

Otra ventaja de utilizar diferentes instituciones financieras es que ningún lugar hace un seguimiento de todos sus flujos de ingresos. Nadie quiere que el proveedor de la institución financiera conozca su valor neto. Las instituciones financieras, especialmente las que ofrecen servicios de préstamo, han llevado al colapso de los negocios; esto puede suceder cuando uno se da cuenta de una pérdida, y ahorran algo de dinero allí, además de ofrecer sus activos como garantía. Utilizando diferentes medios financieros en caso de una eventual pérdida, todavía se puede hacer un plan de pago con otro banco que el actual puede desconocer de su existencia.

Comercialización directa

Sé que esto puede parecer una locura, pero es algo que ha ayudado a tanta gente a aprovechar sus recursos y, a su vez, ha creado muchos más flujos de ingresos. El mercadeo directo puede ayudar a construir sus habilidades de mercadeo, base de datos y redes para generar ingresos adicionales. La comercialización directa ayuda cuando se está empezando, especialmente cuando se ofrece otra línea de productos con poco esfuerzo. A medida que aumentan las fuentes de ingresos, la comercialización directa puede no ser viable, y es posible que se vea obligado a utilizar mucha energía y a perder tiempo, además de no poder llegar a todos los consumidores a los que se dirige.

Cuando las fuentes de ingresos aumenten, considere la posibilidad de utilizar otras herramientas de comercialización como promociones, anuncios, cambio de envases y ofrecer muestras gratuitas para que las prueben. Si tiene un alquiler de bienes raíces como Airbnb, considere la posibilidad de crear un descuento por estadía múltiple para los clientes que regresan. Sea espontáneo y a veces sorprenda a una familia merecedora con un regalo especial y capte la atención de los medios de comunicación en línea para llamar la atención sobre su buena voluntad. El interés de la gente crece cuando se incorpora una iniciativa que impacta en la vida de las personas.

Muchas empresas han utilizado este método en el que una parte de sus beneficios se destina al servicio de la comunidad. Aunque no es solo para la comercialización, la gente reconocerá lo que usted hace y considerará la posibilidad de comprar sus productos y servicios. Sea creativo y esfuércese por llegar a una amplia gama de clientes en un período corto. Incluso puede utilizar los ingresos de una fuente para hacer todo el proceso de comercialización por usted. Es posible que la comercialización directa no proporcione la retroalimentación deseada que usted puede necesitar, y puede ser fastidiosa y engorrosa. Utilice a sus consumidores y a otros profesionales de la comercialización para obtener referencias y déjelos que también ganen una comisión por las ventas adicionales. Esto le permitirá invertir en más fuentes de ingresos adicionales.

Invertir en varias fuentes de ingresos al mismo tiempo

Tal vez todo le esté yendo bien en este momento. Sus flujos de ingresos en línea están aumentando, siente que necesita seguir creciendo sus flujos para obtener más beneficios. La creación de flujos simultáneos adicionales puede crear caos en lugar de la palanca deseada, y esto puede haber surgido de la falta de recursos para establecer una base sólida. Ir despacio y seguir siendo sistemático, esperando que la nueva empresa se levante y sea sostenible antes de lanzar otra. Si invierte en muchas fuentes al mismo tiempo, será como un bebé que aprende a correr antes de aprender a caminar. Puede que pase por alto muchas cosas.

Siendo sistemático significa que usted le presta atención a los riesgos potenciales; no quiere tomar muchos riesgos imprudentemente. Los riesgos potenciales superan los beneficios de su negocio, ya que estos riesgos pueden transferirse a otras fuentes, afectando sus ingresos. Tenga en cuenta que esto es la pesadilla de cualquier inversor. No se trata de sugerir que las múltiples fuentes de ingresos son erróneas, sino que deben ocurrir sistemáticamente. Debe planificar las fuentes de ingresos adicionales de la misma manera que diseñó las anteriores. Analice los riesgos de la misma manera. En resumen, trate cualquier fuente adicional de la misma manera que lo hizo con la primera para lograr un éxito total. Haciendo esto, cada nueva fuente será una experiencia de aprendizaje y ofrecerá una oportunidad de mejora y crecimiento. Llevar a cabo una investigación —como lo hizo con las primeras— significa que usted toma su empresa en serio y le da a cada uno la oportunidad que se merece. Elegir el enfoque sistemático significa que tendrá tiempo suficiente para supervisar sus otras fuentes y evaluar si las cosas están sucediendo en la dirección correcta.

La gran pregunta es: ¿Cómo se puede obtener dinero de las múltiples fuentes de ingresos sin estropear *todo*? La creación de varios flujos de ingresos es la única manera de lograr la independencia financiera, sin embargo, sería una tontería empezar a ejecutar seis, siete o más flujos de ingresos desde el principio. Necesitará una base sólida antes de pensar en diversificar.

Asumiendo que su negocio es estable y que está trayendo una cantidad decente de dinero en efectivo cada mes, puede que quiera amortiguar las caídas y cambios de la industria construyendo otras fuentes de ingresos. Considere las siguientes formas en que puede construir nuevas fuentes de ingresos sin arruinar su negocio principal.

Elegir el momento adecuado

Dirigir negocios exitosos requiere esfuerzo y tiempo. Para establecer otro flujo de ingresos, necesitará el tiempo adecuado. El mejor momento para crear un nuevo flujo de ingresos es durante el verano, ya que muchas personas no piensan mucho en sus trabajos, sino en las vacaciones. Durante el verano, es más tranquilo, lo que hace que sea un excelente momento para explorar nuevas ideas de negocios. Nunca intente iniciar nuevas fuentes de ingresos cuando esté ocupado con otras cosas; no dedicar tiempo al nuevo flujo de ingresos seguramente conduce al fracaso.

Protegiendo de su negocio principal

Si decide expandirse demasiado rápido, estará corriendo un gran riesgo, y se sobrecargara. Debe recordar que el negocio principal es la prioridad, es decir, el negocio en marcha que es su mayor fuente de ingresos debe ser tu primera prioridad. Siempre debe dedicar un mayor porcentaje de su tiempo a su negocio principal; no caiga en la tentación de descuidarlo por completo mientras crea otras fuentes de ingresos.

Es obvio que cuando se sumerge en nuevos emprendimientos, usted es apasionado, pasando tanto tiempo como sea humanamente posible. No olvide de dónde vienen sus ingresos en este momento. Si descuida su negocio principal, se colapsará, *¡y no tendrá ninguna fuente de ingresos!* No puede estar seguro de cuando sus nuevos ingresos comenzarán a traer dinero.

Automatizando tanto como sea posible

El mayor secreto para tener éxito en la gestión de múltiples flujos de ingresos es utilizar la automatización tanto como sea posible. Busque formas de facilitar la gestión de su negocio principal; es la única manera de tener tiempo para gestionar otras fuentes de ingresos. Por ejemplo, si su negocio principal es la escritura independiente, puede pensar en asociarse con otro escritor que pueda ayudarle en la comercialización. Podría ser una pequeña desventaja en el sentido de que incurrirá en los costos de pagar a su(s) empleado(s), pero al final del día, tendrá tiempo para explorar nuevas vías de ingresos. Puede equilibrar esto asegurándose de dedicar tiempo y esfuerzo a las nuevas vías de ingresos, lo que le permitirá ganar dinero en menos tiempo. Si es necesario contratar a personas o alguien para que realice ciertas tareas para usted, por ejemplo, un asistente virtual, no rehúya la idea; debe gastar dinero para crear más ingresos. Tratar de hacer todo por sí mismo terminará consumiendo todo su tiempo, y al final, será imposible iniciar o sostener múltiples flujos de ingresos.

Trabajando en la construcción de ingresos semipasivos

Si ya tiene un trabajo a tiempo completo, será imposible comenzar a trabajar en otro trabajo completo debido a las limitaciones de tiempo. Solo tiene 24 horas al día (¡y debe dormir en algún momento!). Cuando quiera crear una nueva fuente de ingresos, debería pensar en establecer una fuente de ingresos semipasiva.

Por ejemplo, si su principal negocio es la escritura en línea, y escribe novelas como su segunda fuente de ingresos, dedique más tiempo a la escritura en línea y dedique dos horas al día a escribir novelas. Una vez que lance su novela al mercado, ¡se venderá mientras usted duerme y come! Este es un ejemplo perfecto de un flujo de ingresos semipasivo. Requiere algo de trabajo, pero cuando empieza a traer dinero en efectivo, no hace nada para mantenerlo en funcionamiento.

El momento adecuado para convertir los flujos de ingresos semipasivos en flujos de ingresos pasivos es cuando usted tiene suficiente dinero para pagar a la gente para que maneje su negocio por usted. Es mejor empezar con flujos de ingresos semipasivos y luego convertirlos en flujos de ingresos pasivos a medida que continúa estabilizándose.

Poner en espera nuevas fuentes de ingresos si es necesario

La gente piensa que crear y mantener múltiples fuentes de ingresos con el único propósito de generar ingresos adicionales es muy fácil; no es tan fácil como eso. Puede que no gane ni un solo centavo al iniciar un flujo de ingresos. Si su negocio principal requiere más atención en un momento dado, no tema poner en espera otras fuentes de ingresos hasta que pueda crear tiempo para ellas. No comprometa su principal fuente de ingresos por algo que no estás seguro de que sea sostenible.

Errores comunes que cometen los empresarios cuando tienen múltiples fuentes de ingresos

No existe un propósito o visión clara

El no tener un propósito o visión es la razón principal por la que fallan múltiples fuentes de ingresos. En muchos casos, las personas inician nuevas fuentes de ingresos sin ningún propósito u objetivo claro; no tienen idea de por qué están estableciendo las fuentes de ingresos o qué esperan lograr en el futuro. Si no tienen una visión clara, se darán por vencidos cuando las cosas se pongan difíciles. Tener visión y metas le dará algo por lo que trabajar, ayudándole a alcanzar su objetivo.

Falta de concentración

Si usted trata de hacer demasiado a la vez, está en el camino del fracaso. Tener el enfoque facilita la comunicación con su público sobre el producto exacto que está poniendo en el mercado. Si trata de complacer a todos o de añadir varias características a la vez, acabará mezclando conceptos y *disolviendo el mensaje*. Dé un paso a la vez.

Puede que usted se enfrente a la presión de los miembros de su equipo, de los inversores o de los clientes; debe aprender a decir no. Tenga una lista de las cosas que quiere hacer primero, en orden de prioridad. De esta manera, podrá tomar mejores y más sabias decisiones con respecto a sus fuentes adicionales de ingresos y el negocio principal.

Crear productos que nadie quiere

Muchas veces, usted puede encontrarse con productos que no añaden ningún valor al usuario. Estos productos pueden estar tratando de abordar un problema que no es lo suficientemente grande o incluso uno que no existe; la solución que proporcionan no es una solución en absoluto. Para evitar tales escenarios, debe asegurarse de que está creando un producto útil y apropiado para su público objetivo. Antes de empezar a crear una nueva fuente de ingresos, tómese el tiempo necesario para la exploración del mercado y la investigación/desarrollo, averigüe si existe la posibilidad de mejores oportunidades en las que pueda invertir para ganar más dinero.

Perseguir a los inversores en lugar de a los clientes

Tener una idea de inversión que suena perfecta para múltiples flujos de ingresos no significa necesariamente que obtendrá financiación automática. La forma más segura de mantener sus nuevas fuentes de ingresos en funcionamiento es elaborando modelos de negocio que permitan que sus productos se paguen por sí mismos. No se centre demasiado en el desarrollo de emprendimientos; céntrese en la construcción de las fuentes de ingresos. Busque clientes que paguen por sus productos en lugar de centrarse en la financiación. Al hacer esto, el proceso de ejecutar múltiples flujos de ingresos se hace más fácil y más estable.

Lanzamiento demasiado temprano o demasiado tarde

Lanzar sus nuevas fuentes de ingresos demasiado pronto o demasiado tarde puede ser una idea de negocio fatal. Asegúrese de que sus productos tienen los niveles básicos de usabilidad y diseño en sus características. Un equilibrio entre la creación de sus productos a la perfección y el lanzamiento temprano le dará enormes beneficios.

Evitar pedir ayuda

A muchos empresarios no les gusta pedir ayuda, incluso cuando las cosas están difíciles. Mucha gente ha tenido éxito en la gestión de múltiples fuentes de ingresos; siempre puede buscar su consejo cuando se quede atascado. Le resultará más fácil orientarse en la dirección correcta en lugar de perder demasiado tiempo en el ensayo y el error; cuanto más hable de los retos que está atravesando, más fácil le resultará aprender, utilizando los conocimientos y errores de los demás para evitar los suyos propios.

Ausencia de planes de crecimiento

Para que sus múltiples fuentes de ingresos tengan éxito, debe tener un esquema claro de sus planes de ventas y comercialización y el resultado que espera lograr a largo plazo. El objetivo de la creación de múltiples flujos de ingresos es crear vías para la creación de más riqueza. Debe establecer planes de crecimiento que le guíen sobre lo que necesita hacer y cuándo, asegurándose de tener planes de desarrollo tangibles que faciliten el crecimiento a largo plazo de sus flujos de ingresos.

Capítulo 9: Consejos y trucos para crear ingresos pasivos

El ingreso pasivo significa ganar dinero sin participar en el proceso. El ingreso pasivo no significa que pueda usar su dinero mientras usted está inactivo; ¡no puede cobrar dinero sin trabajar! Lo bueno de los ingresos pasivos es que son una forma práctica de ganar y de proporcionarle libertad y seguridad SI usted está dispuesto a trabajar.

Los ingresos pasivos se refieren a los ingresos que recibe después de haber establecido con éxito un negocio que básicamente funciona por sí mismo. Tendrá que comprometer su energía y tiempo por adelantado para empezar a disfrutar de los ingresos pasivos. Una vez establecido y funcionando, el ingreso pasivo es el dinero que gana de una manera que no requiere de su aporte diario para mantenerlo funcionando. Algunas ideas de ingresos pasivos incluyen la creación y construcción de un blog, el alquiler de propiedades, etc.

Los ingresos pasivos vienen con seguridad financiera; aunque puede que tenga que arriesgarse cuando empiece con los ingresos pasivos, a la larga, demostrarán ser una fuente constante de ingresos, a largo plazo. Siempre estará seguro de tener seguridad, ya que no le consumirá mucho tiempo.

¿Por qué ingresos pasivos?

Si usted es un individuo que piensa con visión de futuro, puede estar soñando con dejar el sector del empleo formal para disfrutar de su jubilación; incluso puede estar pensando en una jubilación anticipada. Al final del día, si sueña sin planificar, se quedará sin nada más que el sueño.

Una fuente de ingresos que no requiera esfuerzo hace la vida mucho más fácil. El ingreso pasivo es sin esfuerzo y automático una vez que el dinero comienza a fluir. Mientras se establecen las cosas, es largo y tedioso, sin embargo, con el tiempo, a medida que el dinero comienza a fluir en su cuenta, usted comienza a depender menos de los ingresos activos. ¡Empezará a creer que la magia es real!

Para muchas personas, los ingresos pasivos significan salir de la conocida carrera de ratas de esperar el día de pago al final de cada mes; significa libertad. Otra cosa que no echará de menos: ¡largas horas de trabajo en la oficina! Podrá vagar libremente, trabajar y vivir como usted quiera.

Suena como una idea perfecta, por diseño. Si tiene un trabajo diurno y piensa que los ingresos pasivos son imposibles, ¡piénselo de nuevo! Es posible, realista y alcanzable. Solo tendrá que hacer pequeños sacrificios al principio, antes de tener el privilegio de esperar a que llegue su sueldo mientras no hace básicamente nada.

La importancia de construir un ingreso pasivo

Los ingresos pasivos son una gran forma de complementar otras fuentes de ingresos. El ingreso formal requiere que participe activamente para que reciba su paga. Incluso si adora su trabajo, la idea de ganar un dinero extra sin tener que ir a la oficina, el compromiso de los valores, y siempre trabajar para el otro tipo, bueno, puede ser irresistible.

Los beneficios de los ingresos pasivos incluyen;

- Acelera su plan para crear riqueza
- Crea oportunidades para la jubilación anticipada
- Le protege de la pérdida total de ingresos si pierde su empleo formal
- Proporciona una fuente alternativa de ingresos en los casos en que ya no puede trabajar, o que agota su fondo de jubilación

¿Cuánto dinero puedo ganar con los ingresos pasivos?

Probablemente no se hará millonario de la noche a la mañana. Muchas artimañas de ingresos pasivos prometen hoy el cielo en la tierra; la única decepción es que podría terminar perdiendo los ahorros de su vida al probarlos. Sin embargo, si puede ejecutar cuidadosamente los ingresos pasivos a lo largo del tiempo, terminará haciendo dinero —de forma segura.

Hábitos de las personas que ganan ingresos pasivos con éxito

Para que usted empiece a ganar ingresos pasivos, tendrá que ejercitar la paciencia y la persistencia. Considere los siguientes rasgos que necesitará para convertirse en un exitoso generador de ingresos pasivos.

Concéntrese en obtener todo el dinero extra posible

La única manera en que tendrá la motivación para trabajar hacia ganancias pasivas es concentrándose en el aumento de su flujo de efectivo, luego repetir, y repetir de nuevo. Empiece siguiendo las diferentes fuentes de ingresos pasivos para ver cuál le funciona mejor; esto le empujará a detectar oportunidades y controlar los ingresos. Ganar más dinero con los ingresos pasivos no es tan fácil como parece, al menos no al principio. Comprométase a investigar su mercado y su producto, siendo realista sobre sus opciones antes de utilizar cualquier capital inicial para la empresa.

Cree múltiples fuentes de ingresos

La única manera de ganar más con los ingresos pasivos es aumentando las fuentes de ingresos; muchas personas tienen tres o más fuentes. Para empezar, podría elegir escribir un blog, dedicarse a bienes raíces o vender productos digitales. Cuantas más opciones pueda implementar, es probable que gane más dinero de los ingresos pasivos.

Use sus ahorros para invertir, no para ahorrar

La razón por la que debería estar ahorrando dinero es para usar el efectivo para la inversión; es la única manera de que crezca un imperio de negocios. Es bueno ejercer control cuando se trata de ahorrar; necesitará una cantidad para que empiece con los ingresos pasivos. Guarde el dinero para emergencias pero guarde algunos ahorros en cuentas seguras para que no pueda acceder a estos fondos ni siquiera en emergencias. Al guardar una cantidad de dinero automáticamente, aprenderá a sobrevivir sin el dinero ya que no podrá tocarlo. También puede ahorrar una parte del dinero que gane de los ingresos pasivos, utilizándolo solo para iniciar otro flujo de ingresos pasivos.

Sea decisivo

Aprenda a tomar decisiones reversibles, fácil y rápidamente; esto ayuda a conservar su agudeza mental. Planifique agresivamente acciones recurrentes para ayudar en la ejecución de tareas simples de forma automática. Necesita ser decisivo, para no perder tiempo vacilando sobre qué idea o ideas perseguir en términos de ingresos pasivos.

Cambie su forma de pensar sobre el dinero

Para ser un exitoso generador de ingresos pasivo, necesita cambiar sus creencias sobre cómo puede ganar dinero de forma pasiva. Mucha gente cree que hacerse rico está fuera de su control; los inversores de éxito saben que ganar un ingreso extra es un trabajo interno, y usted tiene el control.

Invierta en sí mismo

La inversión más sabia que puede hacer es en su futuro; ponga interés en aprender sobre sus inversiones antes que nada. Busque mentores, escuche los podcasts y lea todos los materiales disponibles que pueda encontrar. La mayoría de las personas que tienen éxito en la obtención de ingresos pasivos son ávidos lectores. ¿Cómo invertirá en ingresos pasivos si no tiene idea de qué se trata el ingreso pasivo?

No confíe en los cheques de pago fijos

Muchas de las personas que han tenido éxito en la obtención de ingresos pasivos no tienen un empleo formal; el empleo por cuenta propia mediante ingresos pasivos es el camino más rápido y seguro hacia la prosperidad financiera. Se vuelve más flexible cuando ya no tiene un empleo formal, teniendo la libertad de tomar e implementar decisiones financieras sin tener que consultar a nadie. Además, puede invertir en tantas ideas de ingresos pasivos como sea posible, dándole la oportunidad de ganar aún más, en lugar de esperar una cierta cantidad de dinero en efectivo (su único cheque de pago) al final de cada mes.

Establezca metas alcanzables

Para que gane más dinero con los ingresos pasivos, debe tener objetivos claros y planes específicos sobre cómo pretende lograr estos objetivos. Por mucho que se trate de un ingreso pasivo, tendrá que trabajar un poco cuando empiece. Debe comprometerse con un objetivo; esto requiere conocimiento, esfuerzo, perseverancia y coraje. No se ponga metas poco realistas; solo le desanimarán.

Asóciese con personas que impacten positivamente en tu vida

Manténgase cerca de personas que compartan sentimientos, metas y visiones de negocios similares con usted. Cuando usted se apega a personas con mentes creativas e inteligentes similares, obtendrá más información sobre mejores vías de ingresos pasivos.

¿Cuáles son algunas de las ideas de ingresos pasivos en el presente?

Invertir

Debe pensar en sus ingresos pasivos y en su plan de jubilación como dos entidades separadas. Cuando se habla de ingresos pasivos, mucha gente piensa en invertir ya que produce enormes beneficios con muy poco aporte.

El objetivo principal de la inversión a largo plazo es generar ingresos que pueda utilizar cuando se jubile; debe asegurarse de canalizar los ahorros hacia el plan de jubilación de su empresa. Es una buena opción para consolidar un plan de jubilación concreto, pero tendrá que pagar multas o impuestos si decide retirar su dinero en cualquier momento. Cuando se inscribe en un plan de jubilación, debe esperar a que madure para disfrutar de los máximos beneficios.

Bienes raíces

Cuando salde todas sus deudas, y le sobren algunos ahorros, puede consolidar los ingresos pasivos comprando activos inmobiliarios y alquilándolos. Los bienes raíces son una excelente manera de obtener un ingreso extra; no se encuentra entre las opciones pasivas más efectivas ya que debe poner bastante esfuerzo y tiempo en la administración de la propiedad.

Una buena idea sería hacer su compra cerca de donde vive, haciendo más conveniente el control de la propiedad.

Alternativamente, puede buscar un agente de bienes raíces que le aconseje sobre el mejor lugar para comprar su propiedad.

Antes de comprar su propiedad de alquiler, asegúrese de primero pagar por su casa. Compre su propiedad de alquiler con dinero en efectivo; nunca pida prestado dinero para comprar una propiedad de alquiler.

Inicie un canal/blog en YouTube

Si tiene ideas brillantes que pueden atraer a un público en particular, podría crear una serie de YouTube o blogs educativos para producir tráfico en línea. Si puede crear un contenido atractivo que atraiga suficiente tráfico online, puede vender anuncios en el canal de YouTube o espacio publicitario en los blogs educativos. Después de completar el proceso de iniciación, ya puede relajarse y empezar a disfrutar de los flujos de ingresos pasivos.

La creación de sitios web rentables puede ser difícil, principalmente porque hay una fuerte competencia; se necesitará mucha dedicación para que pueda entrar en esta plataforma en línea. La ventaja de este emprendimiento es que es barata de crear y los riesgos son mínimos. El costo de establecer su sitio web solo pagará por el paquete de hosting; las compañías de hosting como Bluehost ofrecen paquetes baratos desde tan solo 2,95 dólares al mes.

Para obtener ingresos pasivos a través de su sitio web, primero debe investigar y aprender sobre las ventas de afiliados. Puede vincular sus productos a los afiliados de Amazon; cuando un consumidor hace clic en el enlace y compra el producto, usted gana dinero.

Puede crear ingresos pasivos transmitiendo sus conocimientos a las personas a través de la creación de productos de información. Puedes utilizar plataformas como Skillshare o Udemy para empezar a vender clases en línea.

Construir embudos de información de productos

Los canales de venta son herramientas poderosas para obtener ingresos pasivos; ofrecen un gran potencial para los ingresos pasivos en línea. Si usted puede configurar estos canales correctamente, puede empezar a ganar ingresos en la comodidad de su casa muy fácilmente. Sin embargo, necesita familiarizarse con el concepto de optimización de conversión.

Encontrar los ganchos apropiados es la parte más difícil cuando se construyen embudos de información de productos. Hay una fuerte competencia, ya que mucha gente ya ha creado embudos para muchos tipos de servicios y productos

Investigue y descubra lo que puede ser atractivo para los clientes potenciales. Elija un producto o servicio único para un mercado único. Observe las tendencias; encuentre productos que sean populares, relacionados con dinero o dieta, etc. Encuentre el valor añadido de estos productos, y puedes estar seguro de que su ingreso pasivo comenzará a fluir.

Venta de productos digitales

Cuando se produce un contenido atractivo que atraiga el tráfico adecuado para alojar anuncios, se pueden crear productos que también capten la atención de su público. Puede ser un libro electrónico o incluso una aplicación que seguirá generando ingresos pasivos para usted durante muchos años.

Almacenar cosas para la gente

La gente siempre está buscando opciones baratas sobre cómo pueden almacenar sus cosas extra. ¿Qué podría ser un mejor método pasivo de generación de ingresos que el de almacenar los muebles, ropa, cualquier artículo, en realidad, a cambio de un pago? Podría considerar la compra de instalaciones de almacenamiento para aventurarse en una inversión a gran escala o usar su cobertizo o sótano para empezar. Solo necesita mantener los artículos de sus clientes seguros y a salvo.

Alquile los artículos que ya no utiliza

Puede que tenga cosas que ya no usa, pero que están en condiciones razonables. Otros pueden necesitar artículos como un kayak, un trampolín, un remolque; considere la posibilidad de obtener ingresos pasivos alquilándolos. También puede alquilar espacio extra en su casa anunciándose en sitios web como Airbnb y plataformas de redes sociales. Solo tiene que subir fotos claras y el precio establecido de los artículos que quiere alquilar.

Lance seminarios web automatizados

Se dice que los seminarios web son una de las formas más populares y eficientes de obtener ingresos pasivos. Lanzar webinars automatizados puede ayudarle a empezar a ganar ingresos pasivos, sin embargo, antes de lanzar uno, familiarícese con ellos comprometiéndose a uno cada semana durante aproximadamente un año. Una vez que sus seminarios web comiencen a convertirse, entonces ya puede automatizarlos.

En algunos casos, puede automatizar sus seminarios antes de un año; una vez que se convierten, se convierten. El secreto está en apuntar a la audiencia correcta con el mensaje apropiado. En muchos casos, los seminarios web automatizados implican la creación de embudos de seminarios web; estos también incluyen secuencias de correo electrónico, ventas por adelantado y ofertas de auto-limitación.

Por mucho que suene complicado, cuando se despliegan, son excelentes máquinas de hacer dinero.

Gane dinero por el tiempo que esté en línea

Puede obtener ingresos pasivos de ciertos sitios simplemente entrando en ellos, por ejemplo, UpVoice le pagará por pasar tiempo en LinkedIn, Facebook, etc. Todo lo que necesita hacer para empezar a ganar es registrarse a través de Facebook; una vez aprobado, instala el navegador UpVoice en su navegador Chrome. Se trata de una extensión segura que no afecta al rendimiento de su navegador Chrome. Se le pagarán tokens diarios por visitar los sitios participantes, los cuales son:

- Twitter
- Facebook
- Amazon
- You Tube
- LinkedIn

Se le paga aún más si participa en sus encuestas. Puede comprar tarjetas de regalo usando los tokens, es decir, tarjetas de regalo VISA.

Diseñe tarjetas de felicitación

Ciertas empresas pueden pagarle por diseñar tarjetas de felicitación para ellos; algunas pagan hasta 300 dólares por este servicio. Hay sitios en línea como Card Gnome que puede usar en el proceso de diseño. Todo lo que necesita hacer es usar estos sitios, diseñar sus tarjetas de felicitación y ponerlas a la venta. Cada vez que alguien compre su tarjeta de felicitación, gana el 5% del total. Recibirá su dinero en efectivo una vez que gane $10.

Venda sus fotografías

Algunas de las fotos que publique en Instagram pueden darle más que solo "likes". Puede subir sus fotos a las plataformas de fotografía de stock. Sus fotos no tienen que ser del tipo profesional, pero tienen que ser imágenes realistas. Después de subir sus fotos, recibirá notificaciones por correo electrónico cuando alguien compre su trabajo. Puede que no gane tanto dinero al instante, pero puede empezar ganando 5 dólares en sitios como Foap. Sin embargo, si tiene una buena cámara, puedes considerar seriamente la fotografía.

Recupere su dinero de tarjetas de crédito

Puede empezar a ganar ingresos de forma pasiva inscribiéndose en tarjetas de crédito que ofrecen puntos o dinero en efectivo después de haber pagado el saldo cada mes. Recuerde no gastar en exceso; para que este método sea pasivo, no debe usar dinero que no esté en su presupuesto.

Venta de planes de estudio

La idea de vender planes de estudio es particularmente beneficiosa para los profesores que ya están escribiendo planes de estudio. Puede poner sus planes de estudio en plataformas como *Teachers Pay Teachers*. Haciendo esto, estará ayudando a otros profesores de todo el mundo y al mismo tiempo, obteniendo algunos ingresos.

Pegar anuncios en su coche

Si usted es una persona que conduce mucho, puede poner un anuncio en su coche; es una plataforma para obtener ingresos pasivos sin ningún coste inicial. En un mes, puede ganar más de 100 dólares en plataformas como Carvertise. Estas compañías favorecen a Uber o a otros conductores de servicios de alquiler de coches, y estos conductores tienen más posibilidades de ser elegidos si conducen en ciudades más grandes.

Conclusión

Los ingresos pasivos no son difíciles de generar, y hay varias vías para generar dinero de forma pasiva. Si usted tiene suficientes ahorros, invertir en bienes raíces es una excelente idea; empezará a disfrutar de ingresos por alquiler en poco tiempo. También puede invertir en fondos de dividendos que le generarán ingresos constantes.

Sin embargo, si no tiene suficientes ahorros, hacer dinero con ingresos pasivos llevará tiempo. Debe invertir su tiempo al principio para obtener beneficios financieros en el futuro sin trabajar. Puede buscar un ingreso pasivo mientras sigue en un empleo formal, lo que le permitirá cuidarse financieramente mientras planea expandir sus ideas para crear caminos para ingresos pasivos.

La lista de formas en las que puede crear un ingreso pasivo es interminable. Mientras explore el mejor método posible que le funcione, ponga atención a las ideas que tengan resultados positivos a largo plazo. Averigüe cómo otras personas están haciendo dinero con los mismos métodos. ¿Cuánto están ganando? ¿Cuánto tiempo les ha llevado ver beneficios? ¿Cuánto capital inicial requerirá? No se apresure en vías que requieran mucho capital inicial o en las que le prometan rápidos rendimientos; al hacerlo, sus otros objetivos financieros se paralizarán. Busque ideas confiables, rentables y estables. Cuando conoce las vías correctas de acercamiento, el ingreso pasivo es fácil de generar; siga pasos simples, ejerciendo paciencia, y al final, verá el progreso. Lo más importante, nunca pida prestado dinero para invertir en ideas de ingresos pasivos.

Múltiples flujos de ingresos son las formas más seguras de ganar dinero de diferentes fuentes al mismo tiempo. Hay muchas ideas que puede explorar: desde la escritura en línea hasta la venta de productos digitales, pasando por la escritura de libros electrónicos y anuncios de coches personales, e incluso ideas más serias como la inmobiliaria. Utilice Internet para investigar cada idea que le interese, aprendiendo cómo puede empezar de cero para crear múltiples flujos de ingresos y qué puede hacer para asegurarse de que sigan funcionando a largo plazo.

Hay muchas razones por las que debería considerar la posibilidad de invertir en múltiples fuentes de ingresos; puede disfrutar de seguridad financiera, pero no tiene que dejar su trabajo diario. Muchas personas se han hecho millonarias invirtiendo en unas siete o más fuentes de ingresos y gestionándolas simultáneamente. Sin embargo, no caiga en la tentación de iniciar varias fuentes de ingresos al principio; construya una fuente y dele tiempo para que crezca y empiece a ganar dinero antes de crear otra.

Mantener múltiples fuentes de ingresos requerirá dedicación y concentración; nadie puede construir un flujo de ingresos y esperar millones de la noche a la mañana. Debe recordar que al construir múltiples fuentes de ingresos, está tomando el riesgo de perder su capital; las fuentes pueden fallar en traer los ingresos que espera. Sin embargo, cuando todo está dicho y hecho, ¡invertir en múltiples fuentes de ingresos es el único camino seguro hacia la libertad financiera!

*9 781953 934185 *